⊙ 李光斗与“整合营销传播”鼻祖唐·舒尔茨教授探讨“整合品牌传播”

⊙ 李光斗与哈佛大学品牌战略学首席教授戴维·肖探讨品牌策略

⊙ 李光斗与菲利普·科特勒教授辨析“品牌与营销”的关系

⊙ 李光斗与蒙牛总裁杨文俊（右）、副总孙玉斌（左）在蒙牛集团成立六周年庆典现场

⊙ 李光斗（后排左一）参与策划并推动蒙牛“每天一斤奶，强壮中国人——为全国500所小学送奶工程”大型公益活动

⊙ 李光斗作为主讲嘉宾出席“全球品牌竞争力论坛”

⊙ 李光斗为喜临门集团导入全员品牌管理工程

⊙ 李光斗主讲奥运背景下的情感营销策略

⊙ 中央电视台广告部主任夏洪波为李光斗颁发策略顾问聘书

⊙ 李光斗与姜昆在北京电视台讲述品牌故事

情感营销

Emotional Marketing

李光斗◎著

如何让消费者爱上你的品牌

北京大学出版社
PEKING UNIVERSITY PRESS

图书在版编目(CIP)数据

情感营销:如何让消费者爱上你的品牌/李光斗著.—北京:北京大学出版社,2008.1

ISBN 978-7-301-13313-2

Ⅰ.情… Ⅱ.李… Ⅲ.市场营销学 Ⅳ.F713.50

中国版本图书馆 CIP 数据核字(2007)第 202627 号

书　　　名:情感营销——如何让消费者爱上你的品牌

著作责任者:李光斗　著
责 任 编 辑:朱莹莹
标 准 书 号:ISBN 978-7-301-13313-2/F·1827
出 版 发 行:北京大学出版社
地　　　址:北京市海淀区中关村成府路 205 号　100871
网　　　址:http://www.pup.cn
电　　　话:邮购部 62752015　发行部 62750672
编辑部 82893506　出版部 62754962
电 子 邮 箱:tbcbooks@vip.163.com
印　刷　者:北京富生印刷厂
经　销　者:新华书店
787 毫米×1092 毫米　16 开本　4 插页　13.25 印张　166 千字
2008 年 1 月第 1 版第 1 次印刷
定　　　价:36.00 元

目录

CONTENTS

第一章　情感营销时代的到来

第一节　情感——人比计算机的优越之处　| 4

人的大脑总是倾向情感，而不是理智。情感是人类生活中永恒的主题，是维系人与人之间一切关系的基础。情感是架设在人类需求和行动之间的桥梁，是消费者购买行为的统帅。

第二节　营销就是和消费者谈恋爱　| 9

情感是销售过程中的润滑剂，是强化客户关系不可缺少的“玫瑰”，情感比理性本身更容易赢取消费者的“芳心”。

只有与消费者“谈恋爱”才能够让品牌产生“情感魔力”，才能够让消费者对品牌的忠诚恒久，才能够让企业叱咤风云基业长青。

第三节　营销：从“实力派”到“偶像派”　| 13

Fans 对待自己的偶像，是不计成本、不计后果地喜欢，疯狂地喜欢。其实，明星就是一种感情的产品，明星被包装的过程，就是他们在 Fans 心目中产生魅力的过程。

这是一个“偶像”营销的时代，品牌是消费的图腾，情感是连接消费的纽带。

第四节　营销从理智到情感的变迁　| 20

过去的营销是“以理服人”，当今的营销应该在此基础上加上“以情动人”。消费者多数都是“通情达理”的，“通情”在先，“达理”在后；消费者是“感情用事”的，因为满足情感需求本身也是理智的；在过剩经济的时代，冰冷冷的产品如果不附着上感情，就再也无法打动消费者的心。

第二章 “情感”催生“魅力产品”

第一节 “体验”，拉近产品与消费者的距离 | 29

为产品注入体验，利用体验拉近消费者与产品的距离，并促使消费者对其产生感情。体验将消费者从对商品的物理特性的关注中转移出来，突破产品的功能局限，迅速拉近产品与消费者的情感距离。

第二节 “互动”，为产品添加“参与的乐趣” | 35

大众传播从“注射论”发展到“互动”阶段，市场营销也是如此，从单一的“企业生产产品、引领传播信息、发起营销活动，消费者选择接受信息、购买产品”的时代，走向了消费者和企业的“互动”时代。

第三节 “感情”，俘虏消费者心智的力量 | 42

情感是维系一切人与人之间关系的纽带。在商品社会中，情感甚至已经成为了维系人与商品之间关系的纽带。

如果产品不仅与目标消费者建立了理性的关系，而且让他们感受到了强烈的情感关联，那么产品本身就拥有了吸引消费者的基础。

第四节 “依赖”，让消费者爱上就离不开 | 47

依赖度就是消费者对某一产品的渴望程度，依赖度越大，表明消费者对某一产品的渴望越强，一旦到了时时刻刻都不能离开它时，这种产品就彻底地占领了消费者的心灵，该产品就成了消费者心目中的“偶像”、“伴侣”。

在消费产品的过程中，消费者不仅得到了一种特殊的享受，而且在其内心世界获得了一种特殊的满足，该产品带给消费者的不仅是物质满足，而且还有精神享受。

第三章　让品牌与消费者成为好朋友

第一节　品牌为产品附加“承诺价值”　| 54

中国人有“一诺千金”的成语，品牌承诺当然也要“一言九鼎”。

从产品被贴上标签那一瞬间开始，产品就不仅仅具备自身的物质价值，并且具备了兑现“承诺价值”的能力。名牌产品总是能够超值兑现其承诺的。

第二节　品牌与消费者建立“关系”　| 59

早在市场营销理论处于4P阶段，就有人提议将Public Relation（公共关系）单独从Promotion中提炼出来，形成5P。如今，管理大师迈克尔·哈默更是放言：“今天的时代是客户经济时代。”品牌，就是要让消费者产生感情，与消费者建立关系。

第三节　让品牌成为消费者的“偏爱”　| 63

当消费者使用某些品牌时会产生一些特殊的情感，比如说开宝马让人的自我感觉良好，香奈儿让使用者更加自恋，苹果笔记本电脑的使用者会觉得自己与众不同……消费者对某一品牌的偏爱理由有时候是说不清的，却一定是有原因的。

案　例

“大宝”何时能够成为白雪公主的偏爱　| 68

第四节　品牌与消费者自我实现　| 71

品牌之所以能够帮助消费者完成自我实现，是因为品牌本身的目标消费者或既定消费者是确定的，并且是与消费者的身份相符的。消费者可以通过选择该品牌产品，服从品牌理念，认同品牌文化，享受品牌感情体验来实现在群体中被认同的快乐。

案　例

“德尔惠”，年轻人的自我实现之路　| 74

第五节　品牌让消费者产生依赖　| 82

消费者如果在消费过程中得到一种特殊的享受，得到一种精神的满足，他就会对品牌产生情感依赖。

第四章　营销就是要“俘获人心”

第一节　态度决定一切——态度营销　| 90

在如今产品同质化、服务流程标准化的今日，企业在营销过程中对待消费者的态度衡量“出色营销”和“平庸营销”的分水岭。在企业与消费者的关系中，“态度”的好坏往往起着决定性的作用。

案　例

“安利”——态度营销的高手　| 92

第二节　不做无名英雄——可感知营销　| 94

在“可感知营销”过程中，消费者的视觉、听觉、嗅觉、味觉、触觉都被充分调动起来，消费者的神经末梢几乎完全暴露在品牌的光芒下，“灵台无计逃神矢”。

案例

“喜临门”，用色彩焕发品牌国际风采 | 98

第三节 声色味形香的极致运用——体验营销 | 103

用美国营销专家菲利普·科特勒的话来说，“体验式营销”就是以商品为素材，塑造感官体验和思维认同，吸引消费者注意力，为他们制造出值得回忆的感受，并为产品找到新的存在价值与空间。

案例

“飞跃”，DIY 带来家用缝纫机第二个春天 | 104

第四节 营销因故事而生动——故事营销 | 114

品牌故事不但可以使品牌饱满，还能为产品增加附加值，提高溢价能力，让你的消费者愿意支付高价。如果营销不能为品牌增加附加值，营销就失去了意义。单靠传统的促销、买赠等手段是无法建立品牌的。

第五节 圈子里的故事——亚文化群体营销 | 118

圈子就是群体归属感，圈子就是认同，人们在圈子里寻找到了共同的价值观，因此在圈子中甚至吃什么零食，用什么化妆品都会相互感染和追随，这对于企业开展营销有着借鉴意义。

第五章 消费者对广告的感情决定广告效果

第一节 记忆打上情感烙印 | 125

如今在我们的电视里充斥着太多的诱惑和欲望，太多赤裸裸的商业广告让我们本能地对其产生排斥心理。而通过情感沟通来诉求，把原本商业化的广告情感化、娱乐化，可以使商业广告非商业化，从而吸引消费者的眼球，唤起他们的正面情感回应。

第二节　情感控制着人对广告内容的接受程度　| 130

国际上最受消费者追捧的品牌，是维珍（VIRGIN）和苹果（APPLE）。维珍和苹果品牌被消费者接受，正是由于他们广告中独特的情感表达。

第三节　情感是连接高度记忆与理解的纽带　| 135

情感诉求能够引发消费者共鸣，情感创新能够冲击消费者心智，情感沟通有助于提高记忆度……情感是连接高度记忆和理解的纽带，是广告中起决定作用的关键因素。

第四节　消费者喜爱广告，就会购买产品吗　| 139

情感的力量会赋予任何一个品牌对顾客更大的控制力，所以说当今激烈的商业竞争早已从过去的产品竞争让渡为品牌竞争，而了解并满足人们的情感需求和情感渴望则成为品牌成功的关键所在。

第五节　恶俗广告无法撑起品牌的明天　| 142

在广告策划界，流行着这样的一句话："得奖的广告好看却不卖货，恶俗的广告恶心人却偏偏卖货。"

但是，恶俗终究是恶俗，不能登大雅之堂，恶俗广告无法撑起品牌的明天。

第六章　企业与消费者的价值认同

第一节　良好的企业形象可以促进消费者对品牌的感情　| 147

企业之间的竞争经历了价格竞争、质量竞争和服务竞争，当今已开始进入一个新的阶段——声誉竞争。声誉管理成为影响企业成功的重要指标。

第二节　企业行为促进消费者对企业的认同　| 153

企业行为也影响着消费者对其品牌的认同。企业必须清楚地掌握消费者的消费行为，更加关注消费者在购物过程中的全部体验，让消费者感觉到品牌的鲜活性、多样化，超越他们的预先设想。

第三节　良好的企业理念推动消费者的认知　| 158

肯德基的企业理念是如何帮助其度过一次又一次的公关危机的？

IBM 的企业理念是如何帮助其保持辉煌的？

企业理念如同企业的人品，而企业的人品正是品牌最本质的企业使命，离开这条，品牌将会成为虚无缥缈的海市蜃楼。

案　例

“蒙牛”，从助推航天到全国捐奶　| 161

第七章　如何进行情感营销

第一节　情感策略　| 170

在科学技术高速发展、产品竞争日趋激烈、营销高度同质化的今天，用情感创造差异化成为了避免品牌定位模糊，实现品牌核心价值，塑造品牌个性的绝杀武器，也是市场营销手段中最有效的“温柔一刀”。

第二节 情感产品 | 176

为什么美女容易俘获人们的眼球？

因为漂亮。

产品亦然，漂亮的产品，漂亮的包装，漂亮的名字会让消费者喜欢甚至爱不释手。

第三节 情感广告表现 | 183

美国广告设计师罗宾斯基说：“情感是广告主流的真理。”

我们说：“情感是广告的灵魂。”

如果广告不能与消费者产生情感共鸣，那么无论是刺激销量还是品牌建设，都属昙花一现。

第四节 情感媒介 | 186

是谁？在见到带下划线的文字就忍不住用鼠标去点一下；

是谁？在半夜1点起床上厕所却顺便还要上 WWW 去畅游几个小时到天明；

是谁？为了免费上网，情愿在大学里多混上好几年；

是谁？在手臂刺青，而且告诉朋友们，这个纹身最好用IE6.0来观赏。

有人说 Web2.0 彻底改变了媒介的格局，在这个时代每个人都成了真正意义上的信息制造者、传播者和接受者。

第五节 情感终端 | 193

你的终端如何设置？

你的产品如何陈列？

你的POP如何安置？

你的促销员如何促销？她该说什么，怎么说？

广告再好、品牌再硬，还是要过终端这一关，终端是产品、品牌和企业与消费者接触最深刻的一个接触点。所以我们说，终端要生动化、媒体化、情感化。

附 录 李光斗语录 洞悉市场营销奥秘的金玉良言 I 197

第一章

情感营销时代的到来

在我国经济的发展过程中，我们的企业和消费者之间的关系经历了三个阶段：

第一个阶段是企业拥有无上权威，消费者没有发言权的“卖方市场”时代。这是中国一个特殊的“短缺经济学”时代，企业生产什么消费者就只能购买什么，企业标什么价格消费者就只能按照什么价格买，消费者处于被动消费的地位。

第二个阶段是消费者成为上帝，企业沦为臣民的“产品竞争”时代。这个时代的产品差异化登峰造极，价格战如火如荼，终端争夺硝烟弥漫……激烈的竞争教会了企业各种营销技巧，消费者对层出不穷的营销手法也几乎麻木了。

第三个阶段是企业与消费者互动的“情感营销时代”。在这样的时代，营销就是和消费者谈恋爱，让消费者动情，让消费者对品牌产生情感忠诚。品牌就是让消费者爱上你，使消费者认同你的价值观，对你的品牌忠贞不渝。

此时，营销的最高境界是不仅要把产品卖到消费者的手中，更把产品卖到消费者心中，从“让你喜欢”到“我就喜欢”。

第一节
情感——人比计算机的优越之处

人的大脑总是倾向情感，而不是理智。情感是人类生活中永恒的主题，是维系一切人与人之间关系的基础。情感是架设在人类需求和行动之间的桥梁，是主导消费者购买行为的统帅。

◎世界冠军与电脑的较量◎

上世纪末，IBM 公司研制的“会下棋的计算机——深蓝（Deep Blue）”与连续夺得 11 年世界冠军的卡斯帕罗夫进行了一场“世纪人机大战”国际象棋比赛。

卡斯帕罗夫与深蓝进行了三局比赛，结果第一盘计算机胜，第二盘卡斯帕罗夫胜，第三、四盘和棋，第五、六盘再由卡斯帕罗夫胜，结果卡斯帕罗夫以三胜两和一负的成绩取得胜利，并赢得了 50 万美元的奖金。

“深蓝”是 IBM 公司于 1995 年研制成功的“会下棋的计算机”，每秒可思考 2 亿步棋或 500 亿个棋位。

比赛结束后，卡斯帕罗夫说道：“同深蓝对弈比我原来想象的要难得多，它简直滴水不漏，步步为营。”可以与连续 11 年夺得世界冠军的选手互有胜负，并且让世界冠军在赛后大为赞赏，这说明了 IBM 深蓝计算机的“智商”之高。

但 15 个月后，经过改进的“深蓝”（此时已升级为 Deeper Blue，意为“更深的蓝”）终以 3.5 比 2.5 战胜了卡斯帕罗夫，报了“一箭之仇”。这场胜利也成为人工智能、计算机发展的重要标志。

从理论上来讲，人与计算机下国际象棋的胜算并不大，因为计算机在输入特定的程序语言之后，完全按照预先输入的棋谱执行，计算机没有情感，不会“冲动”，不会“意气用事”，计算机完全按照程序逻辑去下棋，计算机不犯错误，一定不会出“昏招”。因此，即使是连续夺得 11 年世界冠军的卡斯帕罗夫，也会败走麦城。

但是，如果让人和计算机比谈恋爱呢？人的胜算恐怕要大得多！

◎人是有 EQ 的动物◎

现在，电脑能和人类一样知识渊博、反应机敏，并且能够像人类一样出色地完成许多脑力工作，有时甚至能做得更好。但是人类有情感，计算机没有。一些科学家和思想家认为，人类与机器的不同，在于对语言的使用，或者在对数学、逻辑的使用过程中，会产生互动式的情感反应，也就是被称为“情感意识”的东西。

计算机的一大特点是所输入的信息只有 0 和 1 两种形式，即只有是与非。因此，即便再复杂的信息，也只能被分解成无数个简单的是非问题，计算机与人之间的沟通是“命令式”的，而非“互动式”的。

人则不同，人的想法是由相互联系的观念、想法和印象组成的，而且在不断地改变和进化，它不像电脑是由菜单控制的。用西班牙经济学家巴勃罗·佩罗龙的话来说：“人要比电脑复杂得多。我们很难给人的爱恨情仇总结出数学公式。”

人的情感反应模式要比计算机的“刺激——反应”模式略胜一筹，人输入信息、计算信息、反应信息的速度可能稍逊计算机，但是人处理信息的过程，却永远是一个黑箱，比计算机要复杂得多，新的信息和旧的经验随时发生反应，形成新的整合。

感情是人脑胜过电脑的法宝，也是人的软肋。

一个女人走进邮局，要了一张电报纸，写完后扔了。又要第二张，写完后又扔了。第三张写好后，她递给报务员，并嘱咐尽快发出。

女人走后，报务员对这三份电报的内容产生了兴趣。

第一份上写着：一切都结束了，再也不想见到你。

第二份上写着：别再打电话，休想再见到我。

第三份的内容是：乘最近的一班火车速来，我等你。

上面这个小故事，把人决策过程的复杂性表现得淋漓尽致，其中最让人捉摸不透的变数就是人的感情。

人脑是个网络，不是一套数字程序，它能够对过去的经验信息和情感与即时输入信息相结合来形成思考判断，也能够对刺激产生诸多互动式的情感回应，如“条件反射”、“共鸣”、“喜爱”、“恨”、“害怕”、“感兴趣”、“震惊”、“怀疑”、“沮丧”、“悲伤”、“高兴”、“热心”、“满足”等一系列的增殖反应。

美国广告理论专家 T. Schwartz 认为成功的品牌广告一定是与目标受众（消费者）产生了共鸣，广告让消费者（受众）唤起并激发其内心深处的回忆，产生难以忘怀的体验经历和感受，同时广告也赋予品牌特定内涵和象征意义，并在消费者心目中建立移情联想。这也就是说，人脑对信息的接受、加工、输出过程与电脑对信息的处理过程有所不同，这种不同在于人脑会受到情感因素的影响。

卡斯帕罗夫

情感是人的灵魂，如果没有情感，人与计算机没什么两样。人在接受信息、处理信息、反馈信息的过程中理性思维与感性因素产生互动反应、共同协作，于是产生了“情商”EQ（Emotional Quotient）的概念。

情绪商数是指一个人对环境和个人情绪的掌控以及对整体团队关系的运作能力。它包括两个方面：一方面是指对自我情绪的管理、控制个人意识的能力，在压力、挫折、愤怒、激动等情绪下合理调控自身思想和行为，另一方面是对整体而言，在团队合作时通过和谐地处理人际关系实现提高效率的能力。

◎人是情感的奴隶◎

柏拉图曾说，人的行为就好比一辆有两匹马拉着的马车，一匹马代表理智，另一匹就是情感。

而神经学家让这个比喻更形象，他们指出，消费者在购买商品的时候理智只是小马驹，情感则是高头大马。

人的情感是非常复杂的，为了证明这一点，国外的心理学家们进行了科学试验，让两百名大学生在一分钟之内写出关于情感的词汇，结果多数学生都能想到30个以上的词语，其中包括：爱、恨、害怕、感兴趣、震惊、怀疑、沮丧、悲伤、高兴、热心、愉悦、满足、幸福、生气……

按照马斯洛的需求理论，人的需求是分层次的：生理需要—社交需要—尊重需要—自我实现的需要……需求层次越高，消费者就越不容易满足。在经济学上，“消费者愿意支付的价格≌消费者获得的满意度”，也就是说，同样的产品，满足消费者需求层次越高，消费者能接受的产品定价也越高。市场的竞争，总是越低端越激烈，价格竞争显然是将“需求层次”降到最低，消费者感觉不到其他层次上的“满意”，愿意支付的价格当然也一路走低。

人的本能是喜欢索取而不愿意给予，但面对所爱之人，给予却比索取带来更多的快感。因为爱本身就是最大的利益，情感本身就有着自己的价值，在情感面前一切价值逻辑都退居其次。

在营销中，人是“理性的卫道士”，同时也是“情感的俘虏”。

当产品成为消费者的情感附庸，就不能单纯用金钱来衡量其价值。此时此刻，消费者就会只关注产品的情感价值，而忽视产品的物理价格。

第二节
营销就是和消费者谈恋爱

世界上第一个推销员是谁？是伊甸园里的那条蛇。它完成了不可能的任务：将违禁品——苹果推销给了本无消费需求的夏娃。

如果营销是媒人，品牌就是丘比特。

营销是企业与消费者谈恋爱的过程。营销工作的关键点就是赋予产品鲜活的生命力，把产品变成消费者的恋人，让消费者与产品建立情感联系，爱上品牌。

伊甸园里的蛇是世界上第一位成功的推销员

◎情人眼里出西施◎

黄庭坚有诗云：

“草茅多奇士，
蓬荜有秀色，
西施逐人眼，
称心斯为得。”

对于产品而言，一旦被赋予上情感的属性，就会有一种“魅惑”之美。

一个女子，在素昧平生的人的眼里，可能相貌平平，但在情人的眼里，就是像西施一样的美丽佳人，一举一动，一言一行都富有迷人的魅力。“情人眼里出西施”是由于人互动性情感“反映”的结果。

消费者在购买产品的时候，不仅仅要求产品具有实用功能，更要求产品具有能够满足自身情感需求的属性。消费者对某种品牌产生了感情，就会在潜意识里对该品牌的系列产品产生好感。这种好感一旦形成，就会让消费者发生重复购买、价格敏感度降低、并使人产生信赖、忠诚等一系列的连锁行为和情感反映。

“情人眼里出西施”也会体现在消费者与产品的关系上，产品和品牌成为人的情感的载体，就变得珍贵无比了。

在 1938 年之前，美国公众对于军火巨头“杜邦”公司绝无好感而言，而这种冰冷生硬的形象随着第一根人造纤维——尼龙的问世，彻底地被打破了。杜邦公司把尼龙制成尼龙丝袜，全美国的女性看到广告之后，便蜂拥至百货公司和零售店，仅仅一年，就卖出尼龙袜子 6400 万双，超过了当时美国成年女性的总人数，而当时一双长筒丝袜的价格相当于一只昂贵的手表。

为什么女性消费者集体对之趋之若鹜呢？

为什么一向文质彬彬的淑女会当街展示自己穿上丝袜的美腿而置女性的矜持于不顾呢？

为什么这种穿着并不舒适的尼龙丝袜能够卖到如此之高的价格呢？

答案是女性消费者并不是买丝袜，而是购买对自身细节之处的贴身呵护，购买的是男人们在她们腿部留恋的目光，购买的是女性朋友的羡慕眼神，购买的是跻身主流时尚圈子的入场券，购买的是一个性感的自我形象……

杜邦公司为尼龙丝袜产品添加了必要的情感因素，让丝袜被女人抢购，成为她们眼中增添自身性感魅力和吸引男人关注的独门暗器。

你是什么并不重要，消费者认为你是什么才更重要。

有些产品的物质形态本身的价值要远远低于其售价，高出价值的那部分价格是因为其添加了情感因素，情感让商品产生了溢价。

很多人都看过血钻这部电影，但有几个新娘会撩开“钻石恒久远，一颗永流传”这个温情脉脉的情感面纱，关注到背后De beers冰冷冷的矿业垄断和血淋淋的商业争斗呢？

◎恋爱中的男人——最好的营销专家◎

生命诚可贵，爱情价更高。

一个男人在一生中至少要让一个女人喜欢上他，否则，他有可能讨不到老婆；一个推销员在一定时间之内也要让一定数量的顾客喜欢上他的产品，否则他就没饭吃了。

美国推销大王坎多尔福曾说过：

“推销工作98%是情感工作，2%是对产品的了解。”

恋爱中的男人是最好的营销专家。

假如你英俊倜傥，你会稀缺得像世界名牌一样走俏，连出个环保袋都会赢得大批拥趸者排队购买；

假如你腰缠万贯，你可以送爱人九千九百九十九朵玫瑰一表衷心；

假如你貌不出众、囊中羞涩，你仍可以给女孩子卖“愿景”：将来如何如何……

哪位男士如果发现心目中的“目标消费者”对自己还处于观望态度，那么赶紧给自己找个“卖点”，区别于竞争对手，将USP（Unique Selling Proposition，独特的销售主张）进行到底。这与广告有着相似之处，不仅要“晓之以理”，必要时也得“动之以情”和“情理交融”双管齐下，直取目标受众的心智。

谈恋爱与营销颇多共通之处：锁定消费者就是确定追求目标；锁定目标之后要通过自身差异化、个性化的“卖点”来吸引目标消费者眼球；要整合渠道资源、借助事件营销手段来集中推广，广告要卖给消费者“愿景”，促销手段要有诱惑力，这样才能促成消费者与产品的“联姻”；在“结婚之后”也不可以怠慢，售后服务要使消费者满意，形成品牌忠诚，以防“第三者”插足……

情感是销售过程中的润滑剂，是强化客户关系不可缺少的“玫瑰”，情感比理性本身更容易赢取消费者的“芳心”。

◎传统营销是媒人，品牌营销是丘比特◎

媒人的工作目标是促成男女婚姻。

之所以把营销比作媒人，是因为他们扮演的角色有共通之处。媒人在整个工作过程中会用尽各种方式不知疲倦地说双方好话。

营销也是如此，它的任务就是达成消费者与产品的联姻，期间更是绞尽脑汁、不厌其烦地游说消费者，列出产品的种种好处以达成销售。

传统营销犹如媒人，挖空心思使尽浑身法术充当着介绍人的角色，个中艰辛自不待言，但结果却常常差强人意。就算成功，后事也难预料：交了朋友未必结婚，结了婚难保不离婚；看了你的产品未必购买，购买了你的产品难保下次再惠顾……

企业需要的不光是媒人，更期待丘比特的出现。丘比特肩负着爱情的使命，当丘比特之箭射中你的时候，你们便一见钟情，心无旁骛。

品牌就好比丘比特，会说话，会放电，会散发出消费者不可抗拒的魅力。

品牌不是一种市场工具，但却有运筹帷幄决胜千里的本领；品牌没有十八般武艺，但却有让竞争对手望而却步的威力。

媒人要有，但关键时刻还要有丘比特神助。

只有与消费者“谈恋爱”才能够让品牌产生“情感魔力”，才能够让消费者对品牌忠诚恒久，才能够让企业叱咤风云基业长青！

第三节
营销：从“实力派”到“偶像派”

为什么超女李宇春一出场，众多“玉米”就能欢呼狂喜？

为什么周杰伦的巡回演唱会一票难求，连中年人都赶场凑热闹？

为什么有女子为了见偶像刘德华一面而逼得亲生老爸自杀？

为什么贝克汉姆每换一次发型都会引起全世界的拥趸追随效仿？

……

偶像级人物

这就是“偶像”的力量，偶像让人产生着魔般的情感，偶像就是让人喜欢、让人迷恋。

◎明星就是包装公司的产品◎

过去人们心中的偶像是各个领域最具实力的顶尖专业人士，是名副其实的“实力派”，现在人们追随的则是“星味十足”的“偶像派”。

偶像是什么？偶像能使一个人产生对其从头到脚都喜欢的魔力，而且这种喜欢从来都不需要理智。偶像能让消费者沉迷其个人魅力当中，如痴如醉。

“粉丝”们有一个特点：如果喜欢一个明星的话，连他的缺点也会喜欢。

在姚明下榻的南京古南都酒店房间里，有他穿过的拖鞋和睡衣，酒店不清洁，不打扫，进行“原味拍卖”，住宿要价高达2万块钱。

两名20岁的年轻人最终成功入住，他们是驱车千里，特意为了这个“原味”房间而来的。此外，姚明入住7天所穿过的7双拖鞋，其中有2双有姚明签名的将进行拍卖，其余5双酒店作为纪念品存留。

别人住过的房间，没打扫就入住，还要花两万块钱，也只有粉丝们对自己的偶像能够投入如此着魔的感情。这种行为已经不能够用人的理智去分析了。

Fans对待自己的偶像，是不计成本，不及后果地喜欢，疯狂地喜欢。其实，明星就是一种感情的产品，明星被包装的过程，就是他们在Fans心目中产生魅力的过程。

明星其实也是包装公司包装出来的产品，包装的过程就是从“实力派”到“偶像派”的过程，是让消费者投入感情的过程。

魅力，就是让消费者神不知鬼不觉地被吸引；魔力，就是让消费者眩晕。

你的产品拥有多少Fans，就意味着你的企业在市场上有多长久的生命力；

你的产品拥有多少Fans，就意味着你的企业占据了多牢固的江湖地位；

你的产品拥有多少Fans，就意味着你的企业有多强大的获利能力。

产品在市场上要想所向披靡，已经不能单纯地依靠产品的差异化和性价比，还必须在维持并强化理性诉求功效的基础上，借助情感诉求，作用于消费者的感情，让产品变成“魅力产品”、“魔力产品”！

◎你的形象价值无限◎

事实上，“实力派”与“偶像派”并非具有相反的定义，而是两个具有承接关系的定义。“实力派”的明星也在不断地进行“偶像化”运作，而“魅力”也是一种实力，形象变得越来越重要了。

英国著名形象设计师罗伯特·庞德说：

“这是一个两分钟的世界，你只有一分钟展示给人们你是谁，另一分钟让他们喜欢你。”

只有留给人们好的第一印象，你才能开始走第二步。近年来，“形象”在营销运作、广告传播、人际交往中所发挥的作用越来越大。

“是花20万块钱给孩子整容，还是用这些钱送孩子上大学？”

这两种选择对家长而言都会产生巨大的情感矛盾。孩子变漂亮会产生感官满足感，孩子有可能变得自信、乐观，从此平步青云或上演“现代灰姑娘”的故事，但是同时家长也可能产生没有让孩子读书的巨大负罪感。花钱给孩子整容，并不能从根本上改变孩子本质，但是却有可能从此改变孩子的人生；而另外一个选择上大学，一定能够让孩子终身受益，效果却未必有“整容”立竿见影。

1960年尼克松在与肯尼迪的竞选斗争中，老牌政治家尼克松在资历上占有绝对的优势，但是却忽略了对自己外表的包装，以至于贵族家庭出身的肯尼迪评价他：“这家伙真没有品位！”

受到家族的影响，肯尼迪懂得如何利用自己的外在优势获取选民的信任，在他与尼克松的电视辩论上，年轻、英俊、风流倜傥的肯尼迪浑身散发着领袖的魅力，看起来坚定、自信、沉着，不仅能够主宰美国的政坛，而且能够平衡世界的格局。

电视节目中的一个握手动作，就使得一位政治评论家宣称“肯尼迪已经获胜”。他提出“My fellow Americans，ask not what your country can do for you，ask what you can do for your country”（不要问国家能为你做什么，而要问一问你能为国家做什么）的口号时，激起全美上下一片爱国热潮。他是美国人理想的领袖形象，几十年过去了，肯尼迪的形象一直让美国民众乃至世界难以忘怀。

肯尼迪与尼克松电视辩论

传统观念中，“以貌取人”是不值得提倡的，而在现实社会中，这是人类本能所无法回避的情感反应。这里所指的“貌”并非是说你要生来面若脂粉、美如天仙，而是要注意自身的形象，起码在外表上应该属于你所处于、或者所向往的那个阶层。

你的形象值多少钱？

你穿得像百万富翁，你可能就会成为百万富翁！

◎偶像营销——品牌成为“万人迷”◎

张朝阳每年都要出席《时尚芭莎》的慈善义卖晚会，神情自若地拍下第一件产品送给与自己邻座的女士。

地产大佬王石善于运用个人魅力为企业增辉：攀爬七大洲的高峰，坐氢气球升空，王石俨然已经成为一个大众明星。

王石在大洋洲最高峰查亚峰山脊上行走

潘石屹、张欣夫妇同样是各种公关活动的座上宾，各种时尚媒体的封面人物，老潘的博客粉丝众多。

潘石屹张欣夫妇

双星集团的总裁汪海老先生年过花甲，依然活跃在公众的视线中，谈笑风生，口若悬河。

双星董事长汪海

好利来的总裁罗宏甚至成为摄影界的一颗新星。

……

这些企业家有一个共同的特点，在企业没有代言人的情况下，他们把自己塑造成公众的偶像，在举手投足之间引导公众的价值观和消费取向。目前，在商业界和文艺界，这种“偶像营销”被越来越多地应用。

为了证明自己环保，企业老总当街喝下自己生产的油漆；各种空调轮番出现“论斤卖”、“裸体卖”、“摔着卖”等花样；商场内美女现场洗浴促销护肤产品；远比电影精彩的首映式典礼，远比企业形象好的企业家……市场营销中，有关打动消费者“情感”的行为越来越多，市场营销的方向已经从“实力”争夺转移到“偶像”的打造上来。

德尔惠签约周杰伦做品牌代言人以来，年销售额平均增长 50% 以上；喜临门—张巩俐签名的床垫就可以卖到 18.8 万元；古越龙山由于“皇帝”陈宝国的加盟，其股票市值连续翻番。

这是一个“偶像”营销的时代，品牌是消费的图腾，情感是连接消费的纽带！

“偶像营销”能够利用消费者“爱屋及乌”的特点，快速实现企业与消费者的情感沟通，将消费者对偶像的情感转移到产品和品牌上来。

第四节
营销从理智到情感的变迁

如今，消费者选择商品或品牌的准则不再是“好”或“不好”这一理性观念，而是基于“喜欢”或“不喜欢”的情感态度观念。

在感性营销时代，“情感”是一个纵向贯穿营销全过程、突显出决定性作用的因素。

麦当劳的广告语是什么？

“我就喜欢！”

◎营销的对象是“情感人”◎

过去，我们将“营销”的主体和对象都定义为“经济人”，认为他们在一定的经济利益刺激下会作出理智的行为，在决策前都会衡量成本和收益。如今，我们应学会从“情感人”的角度进行剖析和探讨，因为“人比点钱机器复杂”，其爱恨情仇、喜怒哀乐很难用固定的公式去加以分析，理智在情感面前往往站不住脚。因此，引导消费者的心智，让消费者的大脑里构造出某些好的感情已经成为营销的新手段。

医疗设备及医生水平相同的医院，病人的多寡取决于护士小姐的美丽程度。爱美之心，人皆有之，看病的时候也不例外。漂亮的护士能够让患者产生亲切感，这种亲切感可以帮助患者树立信心、缓和心情、减轻病痛、加速康复。

美丽也是生产力，越来越多的企业已经开始应用这种生产力，利用“美丽经济”生财。川航在国内航线激烈的市场竞争中，提出了独特的广告语——“美丽川航，伴你回家”，美丽川航的空姐形象让人过目不忘。若是比飞机数量、硬件等，川航无法和国内其他航空公司相比，但是川航把软件——空姐的美貌作为卖点，却收到了意想不到的效果。

这种“美丽价值”，其实就是一种“情感价值”。旅游胜地三亚，就是大力发展这种“美丽经济”的榜样。依托热带风光，利用“世界小姐”美女云集的优势，三亚打造了两张名片：一是三亚作为美丽圣城的名片，二是美女的名片。这两张名片将吸引更多的游人来三亚看“美景加美女”，三亚开创中国旅游业“美丽经济”的先河，倾倒了无数游客，也创造了不菲的经济效益。

三亚的“美丽经济”

现实的市场竞争中，如果对手异常强大，企业就要学会洞察消费者内心的真实需求，学会找情感卖点，建立差异化的竞争优势，这些看似非关键的因素往往对最后的结果起决定性的作用。

◎“神经市场营销学”时代到来◎

“神经市场营销时代”，顾名思义，就是说营销要作用于消费者的神经末梢。在30秒之内，打动消费者。

我们处于一个媒体泛滥、信息爆炸的时代，人们对于信息基本上是麻木的。信息越来越多，但是人们所知道的却越来越少。在这个时候，广告信息又以非常特殊的方式存在，因为除了广告信息，人们对其他公共信息很难产生即时的反应。比如人们不可能看到有关抢劫银行的新闻，就决定磨刀霍霍地干一把，甚至看到有人中了六合彩的信息也未必会去买一张彩票，哪怕一张彩票才两元钱。但是人们在看到广告之后，有可能在30秒之内就按捺不住了，这就是广告的神奇作用。

2004年美国市场营销协会（AMA）对“市场营销”的定义进行了修改，修改后的最新定义为：

“市场营销既是一种组织职能，也是为了组织自身及利益相关者的利益而创造、传播、传递客户价值，管理客户关系的一系列过程。”

相比于20年前AMA年对市场营销的理解——市场营销是计划和执行关于商品、服务和创意的观念、定价、促销和分销，以创造符合个人和组织目标的交换的一种过程。新定义更多地从消费者的利益出发，强调了“关系”和“情感”在市场营销活动中的重要作用。

物质经济时代已经过去，我们正步入一个情感经济时代；情感力在创造购买力，商业经济学原则正在被情感原则刷新；情感营销自然成为营销界最为有效和持久的营销方式。

在这个情感营销的经济时代，品牌竞争的标准越来越高，运用合理的、恰当的营销策略，使得品牌更能深入消费者的心，更能代表一种精神和文化，也就更能在市场竞争中制胜。

所谓的“神经市场营销学”，是把对于神经学的研究成果和市场营销学的成果结合在一起，借助大脑的扫描等一系列的过程，观察消费者在作某个消费决策的时候，当外界给予刺激的情况下会作出什么样的决策，从而来研究消费者的大脑和市场营销之间有什么样的关联性。

神经营销学就是要以“当人们看到或想看到他们想买或不想买的东西时的大脑反应状况”为研究目标，观察消费内在的需求、兴趣、欲望等情感因素，从而更多地激发这些内在因素，使消费者产生购买行为。

哈佛商学院杰拉尔德教授最近的一项研究表明，95%的消费者对产品或者品牌的认知存在于他们的潜意识中。也就是说，对于消费者即时做出的购买决策而言，大多数都是非理性的，甚至有相当一部分都是冲动使然。

◎让消费者投入感情◎

在工业经济时代，消费者关注的重点是产品好不好，但是到了信息时代，消费者选择产品的关键变成了喜不喜欢。

过去，企业只是顺应消费者的消费习惯，只注重产品的功能、功效、质量，关注产品自身的技术含量。但如今，在消费者的心中，形式意义大于本质。只有牢牢地抓住消费者的情感来设计消费者喜欢的产品，才有市场。

品牌是什么？

品牌就是要让你的消费者对你的产品产生熟悉、信任、喜欢、忠诚和依赖，是一见倾心，是爱不释手，是不离不弃！

消费者买房子说是喜欢它周围的环境，买数码产品是因为喜欢它的代言人，买汽车是因为喜欢它的气派，买冰箱是因为喜欢它的颜色，所以，即使是卖工业产品，也要像卖时装一样，关注消费者的感情取向。

消费者在选购时装产品的时候，喜欢一个品牌，喜欢一个款式，喜欢一个颜色……任何一点“喜欢”都能成为最终购买的理由。只要有一点喜欢，其他都是可以忽略不计的。

国外的消费者选购汽车的时候，首先要打开机舱盖看发动机；而中国的消费者购买汽车的时候，要先看汽车的外观设计是否气派，再到后座去看看是否宽敞。购买者其实是为本人选购汽车，很少有机会坐到后排，但后排是否宽敞成为购买汽车的关键因素。为了适应中国的消费者，宝马5系在中国也不得不推出了加长型汽车。

神经学教授安东尼奥·达马西欧最近在《笛卡儿的错误》一书中，展现了最近的研究结果，为研究“情感营销”提出了一个新的佐证——情感导致决定的作出，并且还影响着理智地作出决定的过程。

也就是说，其实消费者满足自身的“情感需求”本身，也是“理智”的一部分，情感的就是理智的！

人们做出购买行动的时候，只有一个标准：“如果我这样做了，结果会如何?”

如果不买，情感需求得不到满足，结果会如何?

如果买了，情感得到满足了，结果会如何?

情感得不到满足的结果是心情不好、情绪不高、注意力不集中、惶惶不可终日。所以，事实上消费者在做出消费决定的瞬间是理智的，即使是情感决定，也是理智的。

过去的营销是“以理服人”，当今的营销应该在此基础上加上“以情动人”。消费者多数都是“通情达理”的，“通情”在先，“达理”在后；消费者是“感情用事”的，因为满足情感需求本身也是理智的；在过剩经济的时代，冰冷的产品如果不附上感情，就再也无法打动消费者的心！

所以，在这个“情感营销”的时代，企业要尽其所能打动消费者的感情，这样消费者才能对品牌“一见钟情”、“一往情深”。

真正的名牌不在资产排行榜上，而在消费者的心目中。

第二章

“情感”催生“魅力产品”

面对"你的产品打过折吗?"之类的问题，世界"钻石之王"格拉夫（Laurence Graff）讲过这样一个故事：

一位绅士和一位女郎走进了伦敦最时尚的新邦德街（New Bond Street）格拉夫珠宝店，想看看橱窗里那条粉红心形艳彩钻石项链，这天是女郎的生日，绅士想给太太买件饰品。

不过女郎看上的那条项链标价200万美元，绅士觉得价格太离谱了，在提出打折的要求遭到拒绝后，绅士丢下了一张100万美元的支票扬长而去。

可女郎太迷恋这条项链了，同一天的晚些时候，这位女郎又带着另外一位男人——她的情人回到了格拉夫的珠宝店，这位情人也觉得那条项链不错，但是要价无法接受，同样提出了打折的要求，也开了一张100万美元的支票。

格拉夫耸了耸双肩，但对女郎第一次的来访只字未提。

故事的结局皆大欢喜：女郎得到了她心仪已久的那条项链。聪明的女郎会让两位男士相信，格拉夫最终同意打折出售了。

"如果你的太太告诉你，她买了打折的格拉夫的珠宝，你可千万别相信。"

格拉夫这样告诫他的听众。

如果你的产品像格拉夫的粉红心形艳彩钻石那样成为魅力产品，你就不会担心竞争对手的价格战了。

在产品同质化非常严重的今天，企业要保持竞争优势，就需要为产品营造“魅力”。

产品需要一个生动的理由，否则很难打动顾客。

人有了“魅力”，就会顾盼生辉，成为“万人迷”；

风景有了“魅力”，就会锦上添花，让游客流连忘返；

产品有了“魅力”，就会神采奕奕，让消费者爱不释手；

品牌有了“魅力”，就会价值连城，让消费者不计成本。

所以，一个企业只有为产品注入“魅力”，才能打动消费者的心。改进产品，提高服务质量，丰富产品的情感价值，才能在激烈的竞争中获得足够的竞争力。

过去，大多数的产品设计制造者，主要关注于产品本身的技术属性：它的性能高低，它的质量如何。

如今，企业要将焦点转移到使用者身上，注意力转移到顾客个人对产品的使用上：当消费者使用该产品时感觉如何，如何让顾客留下愉悦难忘的回忆。

企业必须明确这一产品研发的新方向，那就是要在产品中融入消费者的体验、互动、情感和依赖，制造出让消费者爱不释手的产品——魅力产品。

第一节

“体验”，拉近产品与消费者的距离

“体验”是一种新的价值来源，当消费者购买体验时，它是花时间花金钱在享受企业所提供的一系列值得记忆的事件上。企业为吸引消费者，与他们建立一种个人化、值得记忆的联系，就是在营造一种体验的氛围。

“体验”是一个已然存在、但又不曾被清楚定义的新经济产物，体验要从服务中被分离出来，就像服务从商品中被分离出来一样。

“体验”是融入产品的一种新的价值形态，它的出现可以摆脱过去依赖低价促销及低价竞争的营销手法，带来新的企业竞争模式。除了提高商品、服务的价值以及价格，它还可以为企业带来差异化的竞争形态，促进经济成长。

◎体验——诉诸消费者感官的情感纽带◎

纵观今天的市场竞争环境，我们常见到同类产品按不同的价格出售，那些索取高价的产品或许加工得更细致，拿在手里更舒适，看上去更结实，造型更有品味，甚至它让我们的心情不一样……我们可以说得出千百个理由来为那些别致的产品支付高价，只要它有“个性”，这就是一种“体验”。

有效的感官刺激能使人们对体验印象更深，这是人类一出生就有的现象。经营者应该摒弃一些传统的想法，努力开发一些让人难以忘怀的体验产品，想一些吸引顾客的主题附加于产品身上。

让“体验”成为产品凝聚在品牌上的最好特性，甚至在体验经济时代，“体验”本身就是产品，同时也拥有自己的品牌，当消费者为了获得更多更好体验的时候，非常主动并愿意为这个产品支付额外的溢价。

环球嘉年华在中国

在国外，一些企业已经成功地开创了体验产品，最典型的就是迪斯尼和环球嘉年华。前者在全球设立的主题公园，已经成为全世界人们享受体验的王国，后者虽然规模不如迪斯尼，但在全球各地举办声势浩大的游乐狂欢活动为游客提供体验，这种纯粹为体验收取费用的活动设计为环球嘉年华带来了丰厚的收入。

2003 年 6 月，环球嘉年华首次登陆中国内地，落地于上海浦东，让中国人狠狠地过了一把体验瘾，同时在商业上取得了巨大成功。

迪斯尼和环球嘉年华的成功在于它们的产品具有体验性，可以刺激消费者的感官，调动消费者的情感，它们把合理的产品、尽兴的娱乐和令人回味的美好记忆很好地结合在一起。娱乐业这种给消费者留下深刻印象的活动是体验经济的典型代表。

在任何经济活动内部，都包含着体验经济的种子。为产品注入体验，显得尤为重要。因此，一个产品要想在市场上谋求长久牢固的地位，单纯地依靠理性价格诉求是远远不够的。要维持并强化理性诉求的功效，尚需借助于体验的情感诉求。

体验的情感诉求极力渲染美好的情感色彩，把产品塑造成具有人性或心理角色的特点，传达商品给人们带来的种种精神享受，给商品融入顽强的生命力和丰富的情感内涵，加强形象的审美性，强化消费者对产品的审美观赏与接受度。一个富有情感色彩的产品能卖出更高的价钱。

◎爱她就请她吃哈根达斯◎

“如果你是一位适龄女子，你所生活的城市有哈根达斯，而你从来没被异性带入哈根达斯，或者已经很久没机会去了，那你就不得不在内心承认，没有人疼你、宠你了。”

这是哈根达斯的恐吓营销。

“浪漫的情人节又如约而至，我要和你一起共享哈根达斯，在温馨的点点烛火和璀璨晶莹的水晶闪耀中浪漫相对”。

哈根达斯 冰激凌

哈根达斯在情人节推出“浪漫甜美相对，情意纯浓互融”活动，述说着情人在一起的日子，如同微热香浓的草莓巧克力与幼滑冰激凌的一场冰火爱恋。与冰火爱恋对应的产品，是其特别版“浪漫相对”冰激凌火锅。通常，冰激凌的销售旺季是在夏天，其他季节都是淡季，但这一行业规律早已被哈根达斯颠覆，冬日的情人节反而让其更具人气。

在哈根达斯冷气十足的专卖店里，成双成对的情侣们悠闲地享受价格不菲的冰激凌。动辄上百元的冰激凌，却没有让那些蜂拥而至的年轻消费者皱一下眉头。哈根达斯作为一种品牌冷饮在特定人群中知名度很高，尤其在北京、上海、广州这样的大城市里。

女孩子会对男孩子暗示“爱我就请我吃哈根达斯”。于是，哈根达斯几乎成为爱情的表白之物。哈根达斯像某种“爱情病毒”，当你置身恋爱之外的时候能轻易把它清除，可是一旦你正在火热的恋爱之中，清除它或者成为它的俘虏，绝对不是你说了算，而是爱情说了算。

哈根达斯和玫瑰花成为心灵沟通最好的情感符号。哈根达斯成为情人眼里浪漫的代言，“爱她就给她吃哈根达斯”，对恋爱中的宝贝们来说，与其说所感受的是冰激凌口味的纯正，不如说是一种情感的体验。这种体验与炎炎夏日或白雪纷飞无关。在哈根达斯，一年 365 天都可以是情人节，而冰激凌成为恋人们交流的载体。

哈根达斯甜蜜一刻

“冷艳的外表，火热的内心。”让产品成为情感的代言物，哈根达斯卖的不仅仅是冰激凌，而是“甜蜜一刻”，是象征浪漫的体验。

哈根达斯目前已进入了 44 个国家和地区，在中国上海已经连开了 7 家分店。与和路雪和雀巢不一样，哈根达斯走的是“极品餐饮冰激凌”路线，瞄准的目标消费群是追求时尚的年轻消费者。在投巨资确保产品品质的同时，哈根达斯的价格也是毫不客气地昂贵，最便宜的一小桶也要 31 元，而最贵的冰激凌蛋糕则要 400 多元。哈根达斯成功地完成了消费者对其产品的额外溢价，而这背后是消费者享受到了在哈根达斯对爱情的体验，让消费者每次光顾都可以得到精神和情感上的满足。

当中国的冰激凌巨头还只是靠价格战和终端争夺战来抢夺消费者的时候，哈根达斯则靠着不断挖空心思的产品体验来获得消费者的情感，从而获得市场空间。哈根达斯明确将高品质的冰激凌作为其产品定位，其价格比同类产品高30%～40%，比普通品牌的产品价格高7～10倍，品质更稠、奶油更多、包装精细。哈根达斯一直以生产世界上最好的冰激凌作为体验的载体，譬如严格选用天然的5种原料，通过世界各个角落的顶级资源作为品质上的支持，如象征思念和爱慕的马达加斯加香草，象征甜蜜和力量的比利时纯正香浓巧克力，象征嫉妒与考验的波兰亮红色草莓，象征幽默与宠爱的巴西咖啡，运用100%天然原料及多道品质工序，确保了哈根达斯冰激凌的纯正口味和顶级品质。重视创意产品的开发，推出了如融合东西方文化的冰激凌铁板烧、冰激凌火锅以及伯爵茶宴等，甚至还有为中国市场量身订制的冰激凌月饼，强调对细节的关注，从产品设计、手册、海报，选址、装修、灯光、线条、色彩等都力求传递浪漫而愉悦的体验。

为产品注入体验，利用体验拉近消费者与产品的距离，促使消费者对其产生感情，从而使商品的物理特性转移到感性诉求上，为产品注入了体验，从而突破以往功能产品的局限，将影响范围扩展到消费者的情感，这时候对消费者来说已不再是单纯的商品而是成为某种生活方式的载体，使商品成为个人生活的道具。

哈根达斯无往而不胜。

◎给产品与消费者相关的购买理由◎

一个企业只有不断地生产顾客真正需要的产品，才能获得顾客对产品的忠诚。

因此，要想顾客不去竞争对手那里购买产品，我们就得生产各种产品去满足顾客的需求。在大多数消费者的基本需求已经得到满足之后，如果还能够满足顾客对于体验的需求，我们创造的品牌才会产生溢价。

只有满足顾客个性化的需求，我们的顾客才能不被外面的花花世界所诱惑。所以，我们的设计不应该仅仅是包装商品，而应该是将重点转移到如何为顾客创造完美体验上。体验可以造成一种幻觉：企业把每一位消费者都看做独特的个人，进而满足他们的个性化需要，从而达到与消费者在情感上的心灵交融，拉近产品与消费者的距离。

如今的消费者不仅重视产品本身给他们带来的利益，更重视在购买和消费产品过程中所获得的符合自己心理需要和情趣偏好的特定体验。在产品功能相同的情况下，体验已成为关键的价值决定因素，往往成为消费者作出购买决策的重要依据。“我高兴，我买”就是消费者对这一消费倾向的通俗表达。

与以往相比，人们对纯体验性消费的需求日增，“花钱买刺激”已经成为一种消费时尚，人们全部收入中用于休闲、娱乐等方面的开支比例也呈不断扩大之势。种种迹象表明，消费者变得越来越感性化、个性化、情感化，他们的需求重点已由追求实用转向追求体验。

面对琳琅满目的产品，消费者选择的机会多多，内心理智的天平就会向感性倾斜。而体验可以增强消费者对产品的认知和好感，彰显产品的服务价值和形象价值，赋予产品独特的魅力，从而和消费者建立牢固的情感联系。

第二节

“互动”，为产品添加“参与的乐趣”

“互动”一词时下正流行，例如“网络互动”、“互动游戏”、“互动之星”比比皆是。这些名词听起来既时尚又前卫，但盛名之下其实难副，消费者也似乎无从体会究竟“互动”为何物，“互动”有什么好处。

尽管如此，不可忽视的事实是，大众传播已从“注射论”发展到“互动”阶段，市场营销也是如此，从单一的“企业生产产品、引领传播信息、发起营销活动，消费者选择接受信息、购买产品”的时代，走向了消费者和企业“互动”时代。

◎互动——消费者的“参与精神”◎

伴随着激烈的市场竞争，消费者的消费行为日益表现出个性化、情感化和直接参与等偏好。消费者已从注重产品本身转变为注重使用产品时的感受，对个性化的产品和服务的需求越来越高。同时，消费者在接受产品或服务时的“非从众”心理日益增强，相信自己判断和感觉的趋势日益明显。这就使得现代人在消费时不仅关注产品本身，还更加关注使用或消费产品时的互动感受。

如今那些请消费者参与、互动的产品或服务日益受到欢迎，自助旅游、自助餐、DIY 潮流等大行其道，消费者参与热情高涨。

自助游是由西方国家传入我国的，它的主要特点是：旅游者可以自由组团和选择参加者，根据自己的喜好自由地选择旅游路线，是旅游的一种全新形式。自助旅游一般有两种形式：一种是完全意义上的自助旅游，一切由旅行者自己操办；另一种则由旅游网站组织，其行程、标准等都由旅客自己确定，旅客什么时间有假期，就什么时间出发，想在什么地方呆几天，就尽管按自己的想法去做。其最大的吸引力就是完全由消费者自己做主，不同于传统的旅游形式，跟着旅行团到处跑，无法玩得舒服，玩得快乐，玩得尽情。从自驾游、自助游等张扬个性的新兴旅游方式备受追捧的程度可见消费者的参与欲望表现得多么强烈。

一个好的产品，如不能让顾客产生有效的互动，就无法让顾客体验到产品的价值所在，无法在顾客内心引起互动和情感共鸣。

互动电视娱乐项目的兴起就说明了这一点。

“互动”电视可以在数字有线电视节目单上根据消费者的喜好自己点播，改变过去电视台播什么受众看什么的被动局面，由消费者自己选择，想看什么节目，想什么时候看完全由消费者根据自己的喜好而定，让消费者参与其中，自主选择。

电视互动娱乐，实际就是指把计算机、电视和电话结合到一起，由计算机作为电视节目的播出服务器，将节目通过有线电视频道播出。消费者在家中通过拨打热线电话即可控制播出服务器，选择自己喜欢的节目、游戏，并在家中的电视机上收看到相应的点播内容，从而实现双向互动的功能。

互动娱乐系统所具有的互动点播功能，使得观众只要通过拨打热线电话，按照电视屏幕显示的步骤提示，即可从系统庞大的节目库中选择自己喜欢的各类节目。节目类型包括影视、音乐、综艺娱乐、动画、网络流行 FLASH 等各种时尚流行门类。

互动娱乐系统的互动游戏是利用计算机设备为有线电视台开展增值业务的一种全新的业务模式。用户拨通游戏热线后，在互动游戏系统的语音提示引导下进入游戏现场，并通过电话机按键实现指令输入，经服务器系统处理，最终由电视机输出游戏画面进行互动游戏的过程。由于系统支持 2 ~4 人同时游戏，因此与其他互动功能相比，互动游戏系统将使运营商的收益空间更为广阔。互动游戏系统使传统的游戏脱离游戏机、电脑和网吧，使游戏的操作不再局限于键盘和游戏手柄，而是使用一部普通的电话。对于参与的消费者而言，仅需一台接入有线电视网的电视机以及一部普通的市话电话，足不出户，即可融入休闲、轻松的电子游戏世界之中。

任天堂开发的互动游戏机 wii

互动娱乐系统还包括互动竞猜、短信游戏轻松玩和短信中大奖等短信趣味游戏互动节目，其互动竞猜单元顺应目前有奖竞猜答题节目日益火爆的潮流。该系统单元可容许 8 位用户同时在线答题，10 万余题的海量题库，囊括了天文、地理、文化、艺术各个方面，系统对用户所答问题自动判断对错，进行积分排名，通过设置相应奖项从而刺激消费者参与拨打。由于互动竞猜能够同时容纳多人进行互动参与，因此能够更有效地提升热线拨打数量，提高运营商的经营收益。

◎展现消费者个性的 DIY 时代◎

在全球市场充斥着大量品质相近甚至相同商品的今天，人们已经不满足于被动地接受企业的诱导和操纵，而是主动地参与产品的设计与制造。消费者越来越希望企业按照他们新的生活意识和消费需求开发与他们产生共鸣的“生活共感型”产品。在这一过程中，消费者可以充分发挥自身的想象力和创造力，积极主动地参与产品（包括物质产品和精神产品）的设计、制造和再加工，通过创造性消费来体现其独特的个性和自身价值，乃至获得更大的成就感、满足感。这种消费理念催生了 DIY（Do It Yourself，自己动手做）、玩具吧的兴起，在这个充满个性化的时代里，个性就是时尚，独一无二永远是时尚一族的追求，于是 DIY 顺理成章地成为现代人生活的新时尚。

十字绣——DIY 时代的流行商品

DIY 作为一种生活态度，在欧美风靡已久。在国内，DIY 的习惯也已从最早的发烧友“攒电脑”渗透到年青一代生活的方方面面：DIY 饰品、DIY 服装甚至 DIY 家居装饰。简单来说，DIY 就是自己动手，不分性别、年龄，每个人都可以自己做，DIY 物品充溢着个性与不可复制性，代言着主人的审美与情趣。

无论是自助旅游、自助餐还是 DIY、互动电视，本质上都是极具个性的。在产品使用过程中，消费者的参与互动促成了人与产品的情感交流，产品与消费者产生互动，并使消费者完全沉浸于其中，使得与产品的互动过程带给消费者情感触动，进一步激发起消费者的消费意愿，这就是"DIY 时代"的消费者个性化的极端展示。

◎"主动"是"互动"的前提和基础◎

如何真情互动，让顾客能全面体验产品的情感价值，是产品互动成败的关键所在。想要产品与消费者产生互动，企业就应注重与顾客的沟通，发掘他们内心的渴望，站在顾客体验的角度，去审视自己的产品和服务。也就是说改变过去将产品主动传播给消费者的方式，而让消费者与产品在互动过程中产生消费欲望，进而消费该产品。

"主动"是"互动"的前提与基础，消费者只有在内心产生需要，才会主动投入到产品的互动中来。为此，我们的企业要力求做到如下几点：

第一，从满足消费者的需要出发，站在消费者的角度，联系消费者的生活实际，巧妙地开发互动产品，创设真实的互动情景，激发消费者主动探求的欲望。

第二，从成功满足消费者的需要出发提供给消费者一些让他们感到有可能成功的、富有挑战性的任务，使各个层面的消费者都能或多或少地体验到成功的喜悦，激发起消费者尝试的动机和参与的热情。

第三，从满足消费者的审美需要出发，在产品中充分挖掘美的因素，创设艺术化的互动情景，以美来吸引消费者主动参与其中。

第四，从满足消费者的娱乐需要出发，在产品中赋予生动、活泼的互动游戏，使消费者与产品互动，从中获得愉悦感，从而更主动地投入到产品互动中。

产品能让消费者在独特氛围中产生真情互动，让他们的感官、情感和对事物价值有了更深的认识，这是互动的目的。显而易见，未来的竞争战场就在产品与消费者之间的互动与体验中，因为越来越多的消费者渴望得到互动与体验，愈来愈多的企业精心设计互动，以消费者的体验感觉为重，“互动”产品让消费者的体验升级。

◎互动，让天仙妹妹一夜成名◎

天仙妹妹，原名尔玛依娜，出生在四川省理县美丽而古朴的羌寨中。初中毕业后，尔玛依娜曾经在阿坝州歌舞团当过演员，后来因为父亲患病又返回山寨务农。

杨浪，成都人，长期旅居瑞士经商，通常每年只回成都短暂居住。

杨浪喜爱开车远游，也喜欢摄影，更喜欢网络。无意间，他成为天仙妹妹走红的网络推手。

天仙妹妹这样一个大山深处的单纯而宁静的美丽少女，是如何飞速走红的呢？

2005 年 8 月，杨浪独自驾车经过一个羌寨时遇见了尔玛依娜。“那一瞬间，我觉得太不可思议了”，时隔近两年，杨浪在描述当时的情景时仍然难掩激动：

“她穿着羌族少女的服装坐在那里，那种天然去雕饰的美，宛若天仙，让人窒息。我恍惚觉得自己看见的是一个仙女。”

天仙妹妹清水芙蓉之美固然可爱，但是其成名还要归结于新媒体时代的“互动”。

天仙妹妹

在接下来的一个月里，杨浪四进理县羌寨，追踪拍摄羌族民风和尔玛依娜的原生态生活，并把她出水芙蓉、宛若仙子的照片配上文字发表在各大论坛里。

论坛是一个互动式的媒体，其魅力就在 WEB2.0 时代人人都是编辑，人人都是信息制造者，人人的言论都很重要。于是，网友们的反应异常热烈，很多人留言说等着看天仙般的妹妹的照片，"天仙妹妹"的称呼不胫而走。

在 WEB2.0 个人媒体时代，新媒体的特性让任何人都有话语权，让任何美都不会被淹没。在网络媒介中，消费者对信息的注意从被动地接受逐渐转变成主动地搜索和分享，在这个平等的媒体中充分展示了网络传播 Share（分享）的力量。

这种"Share"的力量成就了草根美女的梦想，天仙妹妹就是在这人人都具有话语权的网络时代，以她天仙般的姿容脱颖而出，一夜走红。

第三节
“感情”，俘虏消费者心智的力量

情感是维系一切人与人之间关系的纽带，在商品社会中，情感甚至已经成为了维系人与商品之间关系的纽带。

如果产品不仅与目标消费者建立了理性的关系，而且让他们感受到了强烈的情感关联，那么产品本身就拥有了吸引消费者的基础。

◎情感让产品与消费者产生共鸣◎

将“情感”作为产品的卖点有两种：一种是产品本身具有感情色彩，另外一种便是为产品注入情感，建立产品个性就是建立一种象征，让它能代表购买产品的消费者的想法和精神追求。让消费者产生认同感，满足消费者的情感需求，也就拉近了产品与消费者的距离，增强了消费者购买的理由。

有些产品本身就具有感情色彩，譬如2008北京奥运吉祥物纪念品“福娃”。“福娃”是五个可爱的亲密小伙伴，他们代表了中国人民的好客和渴望，其形象设计应用了中国传统艺术的表现方式，展现了中国的灿烂文化。

北京奥运会吉祥物的每个娃娃都代表着一个美好的祝愿：繁荣、欢乐、激情、健康与好运。娃娃们带着北京的盛情，将祝福带往世界各个角落，邀请各国人民共聚北京，欢庆2008奥运盛典。

人们喜爱福娃，不单纯是因为它那可爱的形象，更多的是从中体验着奥运的激情与欢乐，感受着国人的骄傲与荣誉，也正是“福娃”这种有纪念意义的产品，把人们的心与北京奥运会紧系在一起，这就是产品让消费者产生了感情。

在日常生活中，人们经常会购买一些纪念产品：例如游客会买明信片以纪念游玩过的景点；打高尔夫的人会买绣有标志的衬衫或帽子，以纪念某场特别的赛事；为了庆祝特别的日子，爱人可能为对方挑选一张精美的问候卡；年轻人为摇滚音乐会而搜集专门制作的 T 恤等。

他们买这些纪念品，以此作为对难以忘怀事件的留念。这些纪念品往往是他们个人珍藏的一部分，是他们对那段日子的感情纪念，那些经历往往比纪念品本身更有价值。所有那些体验，如果没有纪念品的话，很快就会被遗忘，当然，那不是消费者购买纪念品的唯一目的，但如果能够加重产品的附加值，并使消费者对产品产生感情，这就为商家提供了更多的机会，对企业来说，就意味着能够吸引更多的顾客，从而赢得消费者，巩固市场。

LG 升级版巧克力手机

另外一种就是为产品注入情感，从而让消费者产生感情。2007 年 1 月，“第二代巧克力”手机 KG90n 登陆中国。如果没有情感因素的注入，“巧克力”系列手机也只是外观设计独特而已。在后消费主义时代，消费者的消费行为日益表现出个性化、情感化，消费者已经把注意力从产品功能、质量方面转移到了使用产品的感觉上。

随着近年来生活水平的提高，人们在精神方面的需求也提高了，开始寻求和家庭装修、家具环境相搭配的彩色家电产品，以获得一种心情上的放松和精神上的享受。比如LG设计的拥有镜面、宝蓝、酒红三种色调的LG对开门冰箱，放在明亮简洁的厨房中相当赏心悦目。另一大设计则是把双开门施华洛世奇水晶冰箱引入客厅，在把手上镶嵌了近5000枚施华洛世奇水晶，营造出一种家居奢华感，形成身份象征和审美双重满足。

◎情感——商品的“保鲜剂”◎

一种产品要在市场上长久地生存，就必须有自己的生命力。产品的生命力除了源自产品的品质保证外，还要让每一个产品与消费者建立牢固的联系。只有消费者与之产生了共鸣，产生了感情，才会产生品牌忠诚。

如今“情感连接”，已成为商家热卖产品的关键。从产品设计到营销，再到经营管理，卖大饼的和卖IT的都在强调“用情感塑造产品”。过去一款产品想要热卖，它的决定因素是价格和服务，如今，“因情感而热销”已经逐渐成为主流。21世纪情感行销时代的来临，决定了未来一款产品在市场中能否被热卖的关键因素是能否赢得消费者的喜爱。

情感反映在经济力量上，就形成了所谓的“情感经济”，它是继价格、质量和服务之后，又一重要的产品竞争要素。如果企业还像过去那样，把提升竞争力和重点放在研发产品上以此去满足消费者需要的做法将越来越不能适应新的环境和消费者需求的变化。因为消费者是有感情的，他们不光要消费产品，他们还希望被关心、被疼爱。因此，企业不光要爱你的产品，更要爱你的顾客，还要爱你顾客的所爱，这样才能真正理解自己的产品在消费者心中的形象，清楚消费者为什么喜欢自己的产品，或者为什么不喜欢自己的产品。所以只有先从心里爱消费者，才有可能让消费者爱上你的产品。

◎宠物消费，对于情感缺失的补偿◎

我们拿一个具有个性化特点的商品来举例，宠物消费是一种情感的休闲体验。当人们从市场上买回一只心仪的狗仔、猫咪或是其他宠物时，他们之间就已经完成了一种情感的链接。宠物消费因为其情感化的特点而具有显著的不同。大致说来，宠物消费在休闲体验中的情感功能主要体现在情感替代、情感补偿、情感转移、身份表现等方面。

联系传统家庭结构向核心家庭的转变来看，随着越来越多的独生子女离家就业，家庭提早进入了空巢期，老人们通过饲养宠物可以实现一种情感的替代或转移；从现代社会的人际关系来看，初级群体与初级关系的衰落，基于业缘的次级关系成为现代人的主要社会关系，这种人情的淡化在一定程度上使得宠物成为情感支持的一种替代源，人们通过建立一种人与宠物之间的亲密关系可以获得某种情感上的补偿和寄托；另外，一些人也基于宠物所唤起的情感愉悦而购买宠物，通过在长期的喂养中建立一种和谐关系来增进对这种积极情感的休闲体验；此外，一些高收入人群也通过饲养名贵的宠物来显示自己的身份。

宠物消费是现代都市人情感消费的一种方式，宠物的本质是市场所提供的一种情感化的休闲产品。无论是一度流行的电子宠物，还是现实中的活体宠物，其作为商品的诉求都在于通过购买和消费，满足人们的情感需求。

人类是理性的动物同时也是感性的动物，要想让消费者对产品产生感情，企业必须先为产品注入情感，增添更多的感性因素。其最直接的方法就是以增加消费者接受或体验产品时的感觉，完成产品与消费者的情感连接。产品对每一个顾客都是标准化的，但是对其产品的印象却是为每一个顾客量身做的，其附加于产品的是无形的且根据需求随时送达的情感，所以虽然卖的是实物的产品，但是销售的过程却也附加着情感。情侣衫专卖店的老板说：“‘情侣衫的价格’等于‘普通T恤衫的价格’加上‘爱的情感溢价’。”当企业能够给予消费者同情感需求最接近的产品时，就能从为数众多的同类产品竞争中脱颖而出，也就提升了产品的相对价值，同时也能向消费者索取更高的价格。

第四节
“依赖”，让消费者爱上就离不开

依赖，就是“爱不释手”的产品好感；

依赖，就是“相濡以沫”的品牌忠诚；

依赖，就是“流连忘返”，对产品的价格敏感度低，甚至忽视产品的缺点。

企业创立品牌的目的是希望消费者对它产生依赖性，就像人的生存依赖于空气、阳光、水一样，只有消费者对某一产品产生了依赖性，才会进行重复消费才可以为企业带来长久的利润。

◎消费者内心无法割舍的情愫◎

依赖度就是消费者对某一产品的渴望程度，依赖度越大，表明消费者对某一产品的渴望越强，一旦到了时时刻刻都不能离开它时，这种产品就彻底地占领了消费者的心灵，该产品就成了消费者心目中的“偶像”、“伴侣”。在消费它的过程中，消费者不仅得到了一种特殊的享受，而且在其内心世界获得了一种特殊的满足，该产品带给消费者的不仅是物质满足，而且还有精神享受。

世界级的名牌商品对消费者产生了巨大的吸引力，是消费者心目中的“偶像级品牌”，具有极强的精神辐射力，消费者对名牌会产生依赖性，享受名牌产品带来的精神愉悦感，满足虚荣心，显示自我的社会身份、地位、名气等。

这就像飞机的头等舱。头等舱刻意在服务上和经济舱拉开距离。坐过飞机头等舱的消费者，不会再愿意去坐经济舱，这就是一种产品和服务让消费者产生依赖的例子。这和习惯于乘出租车的人，不愿意再去挤公交车是一样的道理。

只要在经济允许的情况下，消费者在选择消费的时候肯定会选择一个可以让自己更舒服、更享受、更愉悦的方式。而这个可以让消费者上瘾的产品或服务只要被消费者消费过，消费者就会产生依赖性。

英国航空公司的头等舱、新加坡航空公司的头等舱以及伦敦希思罗机场的头等舱候机室里，都被放置了 Meadow grass（牧草）、Lavender（薰衣草）等高级芳香剂，这种天然香味能够帮助乘客缓解压力，很快地进入睡眠状态，缓解旅途不适。因为头等舱和经济舱在“使用功能”上几乎没有区别，所以航空公司尽其所能，在环境、食品、服务方面与经济舱进行“差异化”，在很多方面实现了顾客价值的最大化。乘客乘坐头等舱的意义除了到达目的地，更重要的是还在其过程中实现了自我满足，显示了身份地位。

产品实际上是一种利益分配的载体，对于消费者来说，如何建立起产品与消费者的依赖关系，是掘取产品隐性资源，进行产品突围的一种重要方式。

◎核心利益——让消费者产生依赖的基础◎

一个产品是否能够让消费者产生依赖，首先取决于产品利益分配与利益确认的认可率。这里主要是说产品的核心利益点（即产品的卖点）与产品自身是否协调一致，在消费者对产品进行消费或试用时，能否达到产品传播的利益点与消费者的心理预期相互平衡。如果能，则认可率高；如果不能或相差很大，则认可率便会降低，效果也会很差。

举个例子，如果一个祛斑类产品宣扬其能解决消费者“斑”的问题，但如果消费者试用之后并没有宣传的效果那样好的话，就不会产生重复消费。

其次是消费者对产品的依赖基础。消费者对产品的依赖不是一成不变的，它来自于企业对产品不断创新的利益承诺，这样才可能不断地把依赖基础延续下去。如果一个产品在很长一段时间内还没有新品推出，或者在包装、配方上都没有很大的改进，不能为消费者提供持续的利益，那么这种依赖关系便会很快消失。

再一个是消费者对产品的惊喜率。消费者需要产品不断地为他们提供惊喜或者感动的机会，例如产品的技术创新、技术升级、加量不加价的促销等。

最后是固定利益的持续性。进行产品突围的先决条件是让消费者对产品产生心理或生理上的依赖，这是不争的事实。当消费者不能享受这一产品，不能享受到对该产品提供的利益依赖时，那么对消费者来说，就是一种惩罚。反过来说，对于产品来讲，除了创新以外，它还必须保证产品原始利益的可持续性，以此为消费者提供利益依赖的基础。以洗发水为例，假如该洗发水是以“去屑”为主要利益点与消费者建立起了一种依赖关系，那么它就必须长期地以该利益为基础进行传播，不论它以后创新开发出何种香型、何种包装的洗发水，“去屑”这一功能诉求都应该坚持。

当然，在产品与消费者建立起一种利益依赖关系时，除了以上我们经常提到的产品本身的功能利益以外，还有很多种方式可以建立起产品与消费者之间的依赖关系，只要善于发现，合理利用，充分发挥，就一定能够取得良好的效果。

“箭牌口香糖”在建立产品与消费者的依赖关系方面堪称典范。

20世纪90年代，在箭牌口香糖销量下滑、一筹莫展之际，箭牌发

现并利用了一个很好的机会：当时社会上正倡导在公共场所禁止吸烟，很多烟民烟瘾难耐。“手伸向衣兜，掏出香烟，点燃，深吸一口”的习惯动作无从发挥。箭牌口香糖发现了这一绝好的“习惯依赖”机会以后，便开始对烟民进行说服式诱导：它引导消费者用嚼香口胶来代替吸烟。这样，香口胶可以像香烟一样替代尼古丁对味觉的刺激。在经过一段时间的宣传攻势以后，“手伸向衣兜，掏出香烟，点燃，深吸一口”的习惯性动作被“剥开包装纸，取出香口胶，张开嘴巴，有节奏地咀嚼”所代替，箭牌口香糖也随着这一广告运动而名声大振，销量一路飙升。

现在嚼箭牌口香糖俨然成为许多人的习惯。好的推广能扩大消费者的数量，将潜在人群转变为目标人群，并且促成消费者与产品形成依赖关系，形成重复消费。吃过饭，口中有异味的时候，习惯性地掏出箭牌口香糖，有节奏地咀嚼就是消费者对产品有依赖的最好诠释。

在现实的产品经营与品牌建设过程当中，产品的核心资源除了来自于产品的差异化功效卖点以外，还可以通过很多种方式提炼出产品的核心利益点。

可口可乐的前身是止咳糖浆，在实际的销售糖浆的过程当中，有人发现它更好“喝”，于是产品卖点忽然转向，发掘并利用这一隐藏在产品身上的有利资源，把止咳糖水变成了流行全世界的饮料。现在人们对可口可乐的消费，就是一种习惯性的消费，对可口可乐的口味就像有一种依赖。第一次喝，第二次再喝，第三次还喝……

第二章

让品牌与消费者成为好朋友

品牌就是要与消费者发生关系。

品牌建设就是要与消费者成为“相见恨晚”、“情投意合”，甚至“肝胆相照”、“两肋插刀”的朋友；

品牌让消费者的消费行为变成了“自发、自愿”的行为；

品牌是“姜太公钓鱼”的渔钩；

品牌就是承诺、是偏爱、是自我实现、是梦想、是依赖；

品牌就是使消费者在面对产品时满心欢喜，一如新娘面对上帝时说出的“我愿意”。

第一节 品牌为产品附加“承诺价值”

品牌是一个承诺，是我们所有市场营销者应该作出的承诺，不管我们是谁，或者我们卖什么。

品牌的承诺，就是把产品和服务的定位、利益、个性传达给消费者。中国人有“一诺千金”的成语，品牌承诺当然也要“一言九鼎”。

◎品牌的“一诺千金”◎

品牌是一种感知与承诺，不仅仅只是一个标志，而且是产品质量、性能、满足消费者效用可靠程度的综合表现。

同时，品牌还凝结着企业的科学管理、市场信誉、追求完美的企业精神等诸多文化内涵。

所以，品牌必须给予消费者一个承诺，这种承诺需要规划、筛选与精炼，体现出品牌的核心价值，抢占消费者心智资源。

除此之外，企业与供应商、生产商、经销商和消费者之间的情感交流，也体现在品牌承诺上，是否具有这种承诺，是卖“品牌”和卖“产品”最根本的区别。从产品被贴上标签那一瞬间开始，产品就不仅仅具备自身的物质价值，并且具备了品牌的附加承诺价值。

知名品牌向消费者兑现的承诺必须是超值的。只有超值兑现品牌的承诺才能让消费者感受良好的品牌体验，才能使消费者喜出望外，产生一种难以割舍的品牌情结；相反，如果消费者在使用过程中发现品牌价值低于其付出的货币价值，就会产生不良印象而对品牌产生排斥心理，从而拒绝下次购买。

消费者之所以热衷于消费“奔驰”轿车、“星巴克”咖啡，是因为这些“品牌”不仅可以满足消费者的物理需求，还可以为消费者带来心理满足。

消费者之所以购买“海尔”冰箱是因为其产品在售后服务方面保障有效，之所以崇尚“沃尔沃”汽车是因为它在安全性上无人能敌。

品牌成为“承诺”是一个循序渐进的过程，随着竞争激烈程度的加剧和顾客需求水平的不断提高，昨天还感到满意的承诺，在今天就不一定满意；今天超值的承诺，在明天就不一定超值。品牌的“承诺”也要与时俱进，这样才能讨好消费者，使品牌真正成为消费者内心的保险箱。

“品牌承诺”是企业无形资产的“保险箱”，只要承诺在，只要消费者对承诺“领情”，那么品牌就可以所向披靡。

◎“洋品牌”的品牌承诺◎

只要是品牌，就必须承诺；只要是承诺，就必须要兑现。

“猫有九条命”这句话在一些洋品牌身上可以得到验证：全球最大品牌“可口可乐”曾先后遭遇过七次灭顶之灾，却依然能做到“任凭风吹雨打，我自岿然不动”；高露洁的“致癌牙膏事件”也闹得家喻户晓，但是在超市里高露洁的货架前仍有众多消费者在继续选购。洋品牌之所以在屡次危机中化险为夷，并非它们的运气好，而是“品牌承诺”在起作用。

2005年3月肯德基“苏丹红事件”闹得沸沸扬扬。新奥尔良烤翅、烤鸡腿堡、香辣鸡腿堡、辣鸡翅、劲爆鸡米花等产品被查出含有“苏丹红一号”后，中国肯德基随即向社会公开发表声明并道歉，明确承诺使用不含苏丹红成分的调料，确保这类事件不再发生。

“苏丹红”事件对于任何一家食品生产企业而言都有可能是“灭顶

之灾”，肯德基在“苏丹红”事件面前凭借着强大的“品牌承诺”，依靠着年青一代消费者在汉堡、可乐中寻找到的品牌归属感，重振旗鼓。

无独有偶，当售价高于国产矿泉水近10倍的法国依云矿泉水，被检测出细菌量超标的时候，有消费者认为“这是不可能发生的事情，一定是检测搞错了”，继续购买该矿泉水的消费者还为数不少。

洋品牌之所以有“九条命”是品牌强大的承诺力量使然。而洋品牌之所以有如此大的承诺力量，与洋品牌长期致力于品牌升级、品牌价值的提升、品牌愿景塑造、品牌故事传播、建立消费者的品牌好感密不可分。

◎“适度承诺”——消费者情感的归宿◎

俗话说“说着容易做着难”，品牌承诺并非夸下海口，而是要对消费者说到做到。

正如人们不喜欢言行不一的人一样，消费者也不会喜欢言行不一的品牌。对商家而言，在作出品牌承诺之后，必须把承诺不折不扣地付诸实施。因为品牌承诺的准确性和诚意比它的形式更为重要。

例如，海尔在制定品牌承诺体系时，就充分进行了品牌规划。与同城的海信相比，在某些品类上，海尔并不占太多的质量优势。于是它扬长避短，提出了售后服务的承诺口号“真诚到永远”。

为充分体现、兑现这一品牌承诺，从1994年海尔推出“星级服务”以来，其在品牌战略上表现出了非凡的定力与坚持力，在全国建立了33个电话服务中心，10000多个售后网点以及“海尔服务网”。

为了塑造海尔星级服务的形象，海尔服务人员严格遵守上门自带鞋套，不喝用户一杯水，无尘安装空调等的规定，使得海尔的品牌承诺得以全面甚至超额兑现，用户满意度日渐提升，品牌内涵日益丰富。

而反观中国联通起初的市场策略则是扬短避长，犯了品牌建设的大忌，未经系统的品牌规划，就提出无法即时兑现的品牌承诺。

联通在成立之初就树起了“联通手机信号好”这一过度承诺的大旗，把“互联互通”作为企业的神圣目标不断传达给大众及消费者。

联通世界风广告的“信号强”诉求

然而“互联互通”一直是联通的软肋。从网络的建设来看，联通在成立初期明显呈现出“先天不足”的局面。在手机互发短信方面，一直遭到移动的打压，直到2000年底才实现信息互传。另外，网络覆盖也是联通的一大痼疾，通过对顾客满意度的调查可以发现，网络质量和服务水平严重影响了联通的品牌形象。在现有用户中，有意转网的用户高达50%以上，其中联通用户转网的主要原因正是网络质量有缺憾，覆盖范围不广。从GSM网络资源来看，“互联”则有，“互通”怕是不易做到。所以在产品品质、包装设计、广告、渠道形象、终端展示、促销活动、售后服务等消费者感知品牌的每一个接触点，如果品牌承诺都能兑现，就意味着为品牌价值的积累做加法；反之，如果无法兑现品牌承诺，每一次消费者的质疑就都意味着为品牌价值的积累做减法。

客观地说，当时的条件，注定联通无法实现真正的突破，无法建立起全国高覆盖率和质量一致的网络，无法实现互联互通。联通向顾客承诺的是自己当时无法兑现的承诺，联通还把自己的软肋“联通手机信号好，地上地下都覆盖”当成利益诉求广泛传播，这使它的品牌形象在消费者心中大打折扣。

纵观海尔、联通两个例子，品牌一旦承诺就一定要经过系统、严谨的规划，一旦说出来就要兑现，否则会损坏品牌的长期价值积累，伤害消费者的感情。

所以说，在企业对消费者的“品牌承诺”这个问题上，企业要夯实根基，切实地保证产品、服务的质量，在此基础之上量力而行，源于现实地进行承诺。一旦承诺，就要不惜一切代价去做到、做好，做到“言必行，行必果”。

只有这样，品牌才能为产品提供“承诺”的附加价值，品牌才能成为消费者购买行为的“保单”！

第二节

品牌与消费者建立“关系”

早在市场营销理论处于4P阶段的时候，就有人提议将Public Relation（公共关系）单独从Promotion中提炼出来，形成5P。如今，管理大师迈克尔·哈默更是放言：“今天的时代是客户经济时代。”品牌，就是要让消费者产生感情，与消费者建立关系。

营销能让产品跳舞，品牌能让消费者跳舞。

消费者偏爱购买某一品牌的产品，其原因是“我就喜欢”，而品牌建设的目标也可以归结为“就要你喜欢”。品牌的价值就在于在产品的物理价值之外再产生情感溢价。

◎关系营销◎

这是一个“牵一发而动全身”的世界，很多不能用经济学原理来解释的问题，都可以通过梳理种种复杂、千丝万缕的社会关系来求解。比如，房价暴涨的原因可能是20多年前“生育高峰”的后果；比如，城市的交通拥堵程度影响了食品的平均零售价格……

品牌与消费者之间的关系，更是如此深不可测。美国著名经济学家史蒂芬·列维特曾有过这样一段经历，当他开车在马路上遇红灯等待的时候，一个乞丐拉开他的车门，当他正打开荷包准备倾囊相助的时候，发现那个乞丐的帽子底下是ipod耳机，那是需要50美元的耳机，这位教授甚至对自己都没有如此慷慨过，他使用的还是15美元的耳机，于是经济学家中止了施舍行为。在这个简单的案例中，可见一个品牌、一件产品在消费者心目中已经成为了财富、身份、地位、情感、价值的表征。

整合营销传播理论，本质上就是关系营销思想的反映。其主张以消费者为导向，强调企业与消费者进行双向沟通，从而建立长久稳定的顾客关系，使企业在市场竞争中确立品牌优势。

为什么精打细算的主妇愿意多花一毛钱购买蒙牛牛奶？

为什么从小有着一副中国胃的时尚青年会对必胜客情有独钟？

为什么影星孙俪收养的贫困大学生非要从别人资助的每个月几百元的生活费中抠出一双阿迪达斯运动鞋的钱来？

不是消费者太疯狂，而是品牌太有魔力。这是品牌长年累月地与消费者建立良好关系的结果。

◎品牌是消费者“生活中的锚”◎

北京的餐饮业可以说是最发达的，从法国普罗旺斯香草料理，到东南亚的咖喱风情，从南北美洲的烤肉，到日本的生鱼片，和纽约、伦敦、巴黎、东京相比，北京不啻是美食天堂。

可是，尽管在这些有着饕餮美称的城市中，人们选择最多的仍然是麦当劳、肯德基、星巴克、必胜客。这些食品也许不是最好的，但是这些品牌却会在世界的任何角落，当你半夜收工饥肠辘辘时，当你在炎热街头晕头转向时，当你早晨起床享受阳光时，它们都会出现在你的面前。当你看到它们的 Logo 时，那就意味着一顿保质保量、味道干脆、价格既定的餐食，以及那一种熟悉的味道、可以信赖的感觉和亲密的关系。

品牌已经成为人们生活方式的一部分，以至于美国人固执地认为“有麦当劳的两个国家不会发生战争”。

品牌与人的关系构成了人们“生活中的锚”。消费者的情感，依附于品牌而存在，他们之间是互动、互通的关系。精美的物质可以是情感的锚，显赫的品牌也可以是精神的锚，都市白领往往把精美物质当做生活海洋中的锚：

“当我很失落、很迷茫、神经紧绷拉到红色警戒线的时候，我就跳进计程车，来到Tiffany's精品总汇，立刻心平气和、豁然开朗。”

◎强势品牌，就是与更广泛的消费者建立关系◎

在感性营销时代，品牌是一个纵向贯穿营销全过程、联结企业与消费者、突显出决定性作用的情感因素。品牌与消费者的关系，是一个从无到有、从疏远到亲密的过程。随着时间推移，消费者经历了对品牌毫无印象—开始注意—产生兴趣—唤起欲望—采取行动—重复购买六个依次推进的阶段，最后成为品牌的忠诚顾客。

从“毫无印象”到“开始注意”的过程，就是品牌和消费者建立关系的过程；从开始注意到开始购买行动的过程，就是品牌与消费者关系逐步深入的过程；从单次购买到重复购买的过程，就是品牌与消费者之间的关系发展到忠诚的过程。

一个完整的品牌和消费者之间的关系包括认知度、喜爱度、忠诚度三个阶段，如果拿品牌当作原点，以消费者与品牌之间过细的密切程度——知名度、美誉度、忠诚度为指标确定半径来画圆，那么这个圆的面积就是品牌所拥有的消费者或潜在消费者。

对某一特定品牌而言，有一部分消费者停留在“认知”阶段，一部分消费者停留在“满意”阶段，也有部分消费者会走完全部过程而攀上忠诚的阶梯。品牌与消费者发生关系的过程是循序渐进的，认知产生购买欲望，在消费过程中的高度满意又构成品牌美誉，这种美誉度使消费者对品牌产生感情，从而密切了二者的关系，于是建立起品牌与消费者关系核心——品牌忠诚。

品牌所拥有的消费者数量越多，企业的日子就越好过；品牌与所拥有的潜在消费者数量越多，企业的明天就越有希望；品牌与消费者的关系越亲密，企业在竞争中就越占有优势。

第三节
让品牌成为消费者的“偏爱”

当消费者使用某些品牌时会产生一些特殊的情感，比如说开宝马让人的自我感觉良好，香奈儿让使用者更加自恋，苹果笔记本电脑的使用者会觉得自己与众不同……消费者对某一品牌的偏爱理由有时候是说不清的，却一定是有原因的，一旦品牌让消费者产生了偏爱，就会拥有大批忠诚于品牌的“粉丝”。

消费者对品牌的这种偏爱有可能来源于对精彩广告创意表现的触动，可能来源于品牌故事的吸引，可能来源于对品牌理念的认可，也有可能来源于对企业行为的尊敬或对企业文化的认同。

◎品牌中的“我愿意”情结◎

中国有句古话：“姜太公钓鱼，愿者上钩。”如果消费者对某一个品牌产生了偏爱，那么他就有可能产生这种“我愿意”情结。

这一句“我愿意”与新娘在婚礼上温情脉脉的“我愿意”不同，而重音是落在第三个字上的。

我们发现，小孩子说得最多的一句话是“我愿意”。当小孩自我意识觉醒的时候，他就会发现一个词“愿意”，在英语中就是 would like，“我宁愿这样”。

“我愿意”代表了一种不被外人理解的自我意识，是一份特殊的情感坚持，即使在“理亏”的情况下。其实成年人也有“我愿意”的时候，说“我愿意”可以让一个人不计成本地争取。如果你的产品能够让消费者不计成本购买的话，那么你就会经历像我说的从卖产品到卖品牌，从卖一次性产品到卖终生品牌，从卖普通产品到卖情感品牌的转变，你就会获取利益的最大化。

李嘉诚说，他要在有生之年捐出一百亿港币。他的两个继承人有点儿不太理解，李嘉诚说了这样一段话：

“我就是愿意搞李嘉诚基金会，它就像我的第三个儿子，你们的亲弟弟，我喜欢。假如我有第三个儿子，我花多少钱培养他都不在乎，让他受最好的教育，帮助他开公司，所有的家产都会分成三份。如果你们把它当成一个亲弟弟，注入感情的因素，花多少钱你们都不会觉得贵！”

同样，比尔·盖茨之所以成立巴菲特的基金会，牛根生之所以要在有生之年拿出全部股份来建立“老牛基金会”，这里面都有情感的因素，做的是自己喜欢的事情。一个富翁如果“愿意”的话，他甚至会拿出他的很大部分资产来做慈善事业。

消费者在选择品牌的过程中也有这种“我愿意”情结，这种偏爱与消费者和品牌接触时间、使用感受、消费者的价值观与品牌理念的契合程度是息息相关的。

◎ 奢侈品——富翁对“优越感”的偏爱 ◎

目前中国的富裕阶层最青睐的奢侈品大部分来自欧美。

以汽车、手表、珠宝和服饰为例，被富豪列为首选的全部是国外品牌。

早起的鸟儿有虫吃。法拉利、卡地亚、江诗丹顿等洋品牌，得益于较早进入中国市场，这些奢侈品品牌先入为主，赢得了中国消费者的偏爱。

中国人对于奢侈品牌的偏爱非常特殊。在欧洲国家，即使有众多月收入超过5000英镑的中产阶级，LV店仍然门可罗雀；而在中国，月收入不足5000元人民币的中国“白领”们，却令LV店门庭若市。有些小姑娘甚至不知道“LV”全称是“路易·威登”，但是知道一定要攒上几个月的薪水拥有一个LV的皮包。

原因何在？

答案是“品牌偏好”。

“品牌偏好”是怎样形成的呢？

以LV为例，源远流长的奢侈品文化和贵族风范，加上它“皇室贵族行李小子”、“皇室逃难不进水”的品牌故事，“可以用游标卡尺来测针脚距离”的质量理念，精美绝伦的广告表现，明星们不断携LV出镜的事件……这一切增加了LV品牌的魅力。此外，LV所代表的贵族生活方式、群体价值观、共同喜好等也造就了消费者的“偏爱”。

明星与他们的LV

中国已经成为了继美国之后的全球第二大奢侈品市场。在中国富裕阶层要用奢侈品来证明“我很富有”，白领阶层要用奢侈品来证明“我很有眼光”，新女性要用奢侈品来证明“我值得拥有”，知识精英要用奢侈品来证明“我很有价值”……这些生活方式和心理需求与奢侈品的品质、历史一起构筑了“品牌偏好”。

◎如何让品牌成为“尤物”◎

芝华士有一则广告，广告画面是一个60岁的老者，很有资本家的风范，旁边有一个非常漂亮的年轻女模特陪伴着他喝酒。

芝华士平面广告

广告诉求好像是在炫耀：

“不得不承认，人生实在不公平。”

这句话是对男人说的，男人会觉得人生实在不公平，但也不是所有的人都觉着不公平，而只有30岁左右的人群觉着不公平。原因是这个漂亮的女模特原本属于他们这个年龄的群体，而这个时候却在老头怀里，所以让人觉着不公平，产生一种情感嫉妒，这种嫉妒无法发泄，造成两种结果：要么奋发图强，使自己变成富豪，但这个时间比较漫长；要么喝这个酒，把自己装饰成富豪。

这就是我们所说的情感营销。

一个广告就让消费者产生了对品牌的偏爱，让品牌本身魅力无穷。

在上面这个案例中，芝华士就成了承载着消费者偏爱的尤物。然而，并不是所有的酒都可以成为尤物。

法国是世界上最浪漫的国家，每到夜里塞纳河边的小酒馆就人声鼎沸，法国男士经常去酒吧喝酒。女士们非常不满，她们认为酒吧的酒要比家里的酒贵得多，在外面喝一杯的钱就可以买一瓶。

于是法国的妇女团体掀起了回家喝酒运动，劝谕消费者“家里的酒更好喝，记得常回家看看”，号召男人们回家去喝酒；法国的家庭主妇，都在自己的家里设置一个酒柜，然后穿上超短裙等待老公回家喝酒。

从此大小酒吧门庭冷落，而男士们在家里喝酒也喝得不尽兴，全法国酒的销量直线下滑。

为了救市，法国酒业协会便大张旗鼓地做了一个广告，说：“美酒的滋味，只有在酒吧里才能品尝出来！酒吧里不仅有好酒还有坏女人。”

一个广告彻底摧毁了法国的“回家喝酒运动”。

产品是有形的，品牌是无形的，情感是迷人的。

将迷人的情感注入无形的品牌，品牌便多姿多彩；将多姿多彩的品牌附加于有形的产品，产品便风光无限。

市场是纷繁迷乱、竞争激烈的，谁留住了消费者的眼光，谁将旖旎多情；谁勾住了消费者的“魂儿”，谁将集万千宠爱于一身；谁闯进了消费者的“心田”，谁才能和消费者“白头偕老”。

◎ 案例

“大宝”何时能够成为白雪公主的偏爱

多年来，中国消费者心目中对“大宝”品牌的印象是“价格便宜，量又足，咱老百姓用得起”。消费者喜欢这样的广告语，朗朗上口，但是消费者会忠诚于这样的品牌吗？

在“如何形成品牌偏好”这个问题上，本土品牌要向国际品牌学习的地方还很多。国际日化品牌无一例外地在向消费者兜售关于美丽的“梦想”，没有一个品牌强调性价比，没有一个品牌把自身定位成给工人用的“劳保产品”。

大宝都没弄明白，自己的产品是卖什么的。国外的化妆品品牌却知道，自己卖的是女人爱美的梦幻。

卖法不同，结局也不同。

一则是大宝化妆品的广告，内容平易近人。广告模特用的是：小学教师、工厂里的车衣女工，还有一位在大街上扛着三角架照相的男子，一张口：“干我们这行的，风吹日晒，用了大宝，嗨，还真对得起咱这张脸。”而小学教师和车衣女工则向大家倾诉心声：“我们一直用大宝，量足、价格又便宜。”

老百姓喜欢这样的广告，可老百姓真的会喜欢这样的化妆品吗？

“量足，价格又便宜。”仿佛卖的不是增白粉蜜，而是在卖面粉。

我们不禁要问：化妆品是用来干什么的？士为知己者死，

女为悦己者容；妆罢低声问夫婿，画眉深浅入时无。消费者在买化妆品的时候，很可能要考虑价格成本的时候是在他们下岗的时候，在他们生活困顿的日子里。出身寒门的小家碧玉，也许涂脂抹粉的时候，还在算计怎样才能省几个钱；可当生活富裕了，当灰姑娘嫁给了白马王子，她们还会钟情于“量足、价格又便宜”的化妆品吗？绝对不会！

无独有偶。精明的上海企业家在推销蜂花洗发水时，广告画面用的是一枚弹起的硬币，告诉消费者，用蜂花洗发水洗一次头发只用一分钱。这简直是算计到家了，可结果怎样？

20世纪80年代，在上海的大学里，学生宿舍与公共浴室相隔很远，女大学生们要端着放洗发水、沐浴露的脸盆，穿过生活区才能到浴室。那些用蜂花洗发水的女生都用毛巾遮起来，而用海飞丝、飘柔的女生则把瓶子露出来，一个个趾高气扬。

那些在大学里家境贫寒省吃俭用的女生，毕业后挣了第一个月的工资，就迫不及待地去买海飞丝而置用了多年的蜂花于不顾。

你可以生产价廉物美的产品，也可以专供普罗大众草根阶层使用。但何必在广告里自贬自损呢？让消费者也跟着受委屈。丑小鸭都天天盼着变成白天鹅，那你的产品为什么非要在广告里说是丑小鸭专用呢？

广告可以承诺利益，但一定要有梦想成分，即所谓的附加值。给我十块钱，让你吃饱饭，只是原始阶段的诉求。请客吃饭很多的时候，是吃环境。吃饭是次要的，跟谁吃及在哪里吃才是最重要的。这是餐饮广告的秘诀所在，也是其他广告的普遍真理。

生活是平淡的，广告却要动人心弦；女孩子肯定不是个个貌若天仙，但广告模特儿却要人见人爱。

其实，大宝和玉兰油并没有本质的区别，海飞丝的成本也不见得比蜂花高，可为什么会给人以高低贵贱之分呢？

即使卖低价的产品也不一定非用低档的广告。我看过一则香港先施百货公司的大减价广告，但并没有破罐子破摔，满大街吆喝卖处理货，而是拍得美轮美奂。

架子倒了威风也不能倒。品牌是造梦的，是梦工场。要消费者偏爱品牌，必须使他们好梦不断。广告来源于产品，但又要高于产品。

艺术是生活的代偿。生活欠你的债，所以用各种各样的艺术来偿还你：美妙的舞姿，悠扬的歌声，催人泪下的爱情……因为在生活中不常有，所以才格外动人。艺术来源于生活而又高于生活是尽人皆知的道理。

由偏爱而产生的心理满足，是品牌之于消费者最大的附加价值。

第四节
品牌与消费者自我实现

在华尔街，高管们会觉得戴了一块“卡西欧塑料电子表”的人是“非我族类”，他们喜欢身穿杰尼亚西装，系阿玛尼的腰带，手腕上是伯爵手表，他们喜欢打高尔夫球，听古典音乐。

品牌之所以能够帮助消费者完成自我实现，是因为品牌本身的目标消费者或既定消费者是确定的，并且与消费者的身份相符的。消费者可以通过选择该品牌产品，服从品牌理念，认同品牌文化，享受品牌感情体验来实现在群体中被认同的快乐。

◎谁在喝咖啡◎

20 年前的中国，谁是咖啡的目标消费者？

是大学教授还是有钱的个体户？

麦斯威尔的“滴滴香浓，意犹未尽”有点儿对牛弹琴，而雀巢的一句“味道好极了”却把速溶咖啡产品引入商业成功人群，“咖啡”成了有钱人的炫耀品。

当时，在中国消费咖啡的主要人群就是有钱的老板，他们不认为咖啡好喝，只是觉得“有钱人都喝”，这就是雀巢咖啡中所凝结的“自我实现”价值。

如今，谁在喝咖啡？

谁去咖啡馆喝咖啡？

谁又是咖啡的重度消费者呢？

研究表明，星巴克 70% 左右的顾客是年轻女性，超市里面选购咖啡产品的消费者也大多数是年轻女性。年轻女性是感性消费的女王，随着她们社会地位的上升，年轻女性开始引领新的消费潮流。她们喜欢漂亮、有趣、符合自己个性的感性消费品，她们喜欢互相模仿、攀比，并在其中寻找群体归属感和自我个性的张扬。

要想店开好，就一定要让年轻女性成为顾客。只要做到这一点，男人自然而然会跟着年轻女人一起光顾，其他年龄的女人也会跟着年轻女人一起光顾。

星巴克紧贴年轻女性消费者的情感，将美式文化分解成视觉的温馨、听觉的随心所欲、味觉上咖啡豆的浓香等，用“浪漫的咖啡体验，温暖和共享的感觉”这个风靡全球的品牌体验将咖啡卖到40元人民币一杯。

星巴克能够提供的消费环境，温暖而具有现代感的环境，轻松愉快的格调，高素质的服务员，共同营造了一个“小资聚集地”的氛围，消费者走入其中会不自觉地遵守这个氛围的行为准则，不自觉地受周围的意识形态的感染，这就是浓重的“小资情调”，正是这种“小资情调”的自我实现让消费者对高价咖啡产生了浓厚的兴趣。在这个过程中，消费者的行为和体验构成了品牌核心价值中最重要的一个因素，品牌也帮助消费者进行了自我的定位。

◎品牌就是社交名片◎

随着私家汽车的兴起，各个品牌的车友会也在各地如火如荼地开展起来，从QQ的“QQ小学”，到菲亚特的“菲狐队”，再到千里马、爱丽舍、宝来……车友会除了娱乐功能之外，也能让车主们寻找到群体归属感。有人说，车就是人的一张名片，你选择了什么车，就意味着你是什么样的人。选择了同样的车，就意味着他们是在某方面具有同样喜好，所以说，车友会是一种群体归属感的认同和对自我的定位。

在众多车型里面，唯有奥迪 A6 车友会组织不起来。

原因何在？

菲亚特－搜狐车友会

因为奥迪 A6 的驾驶者很多是为官员开车的专职司机，不是车主本人。车主本人对驾驶乐趣体会不深，而驾驶者作为司机又无法在车友会中寻找到群体归属感。

汽车是一个人的名片。同样，一套西装、一条领带、一块手表也都是一个人的名片。

哈佛大学一位精明的上海留学生，毕业后在纽约花旗银行工作。他深谙外表形象对事业的促进和影响，对着装格外注意。在进入华尔街的三年中，他的形象已经从一个普通的不起眼的亚洲留学生变成了华尔街的金融骄子。他传授自己的经验：“最好的办法是效仿我老板的穿着。”老板穿意大利阿玛尼西服，戴纪梵希领带，内着浅色的爱马仕的衬衣，他也如法炮制。几年过去，他看起来已经和大老板的派头不相上下，同事们戏称他为“克隆老板”。

直到有一天开会，“克隆老板”终于发现他与“原装”老板的不同，当他在会议中做市场分析报告伸手指墙上的挂图时，露出了他彩色外壳的塑料手表，他敏感地感觉到别人都在盯着他，别人手腕上亮晶晶、明晃晃的昂贵金属表趾高气扬地露在衬衣之外。霎时，他感觉到了自己好似这个人群中的异类和赝品，他感觉到一个戴着 2 万美元的白金瑞士陀飞轮手表的人是无法完全信任一个戴着价值 50 美元的卡西欧夜光塑料手表的人。

在美国商业社会，流行着这样一条潜规则：“穿套装，戴金属表，如果你不是比尔·盖茨。”

比尔·盖茨当然可以戴米老鼠图案的塑料手表，开保时捷20世纪80年代的跑车，因为他的财富和地位不用通过品牌来实现，他选择品牌完全靠“喜欢”。

品牌是一个人身份的代码，是暴露在外面的内心世界，消费者往往通过一个Logo来完成自我实现。各大奢侈品都是有Logo图案的产品卖得最好，因为消费者要通过曝光Logo来实现自我。

2007年，我们为运动品牌德尔惠作整体品牌战略规划，在为其品牌重新定位时，充分考虑了消费者的感情因素。

◎ 案例

“德尔惠”，年轻人的自我实现之路

随着北京奥运的日趋临近，跨国运动品牌加快战略调整，通过奥运会、亚运会、全运会等国内外顶级赛事掠夺市场，加大对中国市场的抢滩力度，并通过各种渠道和手段，垄断运动鞋的高端和中端市场，民族运动鞋品牌处境艰难。

李光斗在德尔惠广告片拍摄现场指导工作后与周杰伦合影

目前国内运动鞋行业处于战国争霸时期，呈现三极竞争的局面。以Adidas和Nike为主的外国名牌位居塔尖，李宁居国产品牌鳌头，其他诸多本土品牌陷入激烈的同质化竞争。前有跨国品牌阻击，后有三线品牌跟随，本土体育运动品牌之间的竞争日趋白热化。

与此同时，运动鞋制造业成本上升，生产运动鞋所需的原材料，如棉纱、化纤、橡胶等资源价格上涨，制约企业发展。运动鞋行业面临着重新洗牌，品牌集中度将逐步提高。

2008北京奥运来临，体育用品产业迅猛发展，国际品牌蜂拥而来，国内品牌跃跃欲试，德尔惠投入人力物力，实施了鲜明的“情感营销”战略。

洞察消费者需求，走国际化品牌之路

国内的运动鞋市场实际上就是一个世界性的市场，耐克、阿迪达斯、彪马、锐步等国际知名品牌占据高端市场。而诸多本土品牌大多在二、三线城市生存。随着2008北京奥运会的临近，诸多跨国品牌正加快战略调整，纷纷启动体育营销战略，加大对中国市场的抢滩力度。

借助奥运营销这一攻城利器，洋品牌对中国民族运动品牌的进攻咄咄逼人。那么作为国内运动鞋的“老大哥”德尔惠应该如何抓住这次千载难逢的历史机遇实现自己品牌强盛的梦想呢?

德尔惠的品牌提升战略就从洞察目标消费者内心的真实需求开始。

德尔惠的目标消费者定位在15~25岁的年轻人。现代年轻人在消费上有一个最明显的特点，那就是“感性消费”、“冲动性消费”。

现代的年轻人是“幸运”的一代，他们成长于商品文化蓬勃发展、互联网和电子商务异军突起的时代，对现代高科技化的生活适应性强。从小就习惯于影视语言和网络语言，对时尚广告反应迅速。他们不像上一辈人有太多传统文化的记忆和历史负罪感。造成上述现象的原因是这一代人受到了其长辈无微不至的呵护，物质生活相对比较优越，社会与文化心态开放。这一代人身上，东西方的文化差异变得越来越小。

现代年轻人的消费观念具有明显的全球化倾向，也就是说他们具有“崇洋尚外”的特点。我们可以在美国的纽约、法国的巴黎、日本的东京、韩国的汉城，中国的上海，看到几乎同样装束的年轻女孩子。她们更加追求自我，更喜欢标新立异。

如何利用现代年轻人的心理特征和消费特点，如何让他们喜欢甚至忠诚于一个品牌，是营销要解决的问题。其中，启用广告代言人是较为有效的策略之一。

从心理学角度上分析，爱屋及乌是明星广告的心理基础。

明星都拥有众多特定的支持者，追星族不仅关心明星，还关心他有什么爱好，用什么牌子的洗发水，穿什么样的鞋子，喜欢什么颜色……消费者在接受明星的同时也在接受他们所代言产品的信息。明星广告的主要目的，就是希望能够将这种魅力转移到产品上，以刺激大众的注意度与兴趣度，提升产品的知名度与接受度，赋予产品更多的附加价值，并希望消费者会因为明星的推介，群起产生模仿的冲动与行动，并因而对产品与企业产生好感。

从传播学角度上看，明星是制造流行的意见领袖人物，借明星广告可以搭上流行的便车。

任何一种社会流行在很大程度上都取决于信息传播者的特质，而明星是现代社会的产物，是现代传媒造就出来的，在相当程度上扮演了意见领袖的角色。他们拥有英俊迷人美丽性感的容貌，星光熠熠丰富多彩的人生，传奇的经历和非凡的业绩。在如今的注意力经济时代，这些大家耳熟能详、备受瞩目的公众人物，有着难以形容的魅力。

明星广告的主要目的，就是希望能够将这种魅力转移到产品上，以刺激大众的注意度与兴趣度，提升产品的知名度与接受度，赋予产品更多的附加价值，并希望消费者会因为明星的推介，群起产生模仿的冲动与行动，并因而对产品与企业产生好感。这种登高一呼、八方响应的个人号召力，正是广告主重金聘请明星出演的主要诱因。

德尔惠的代言人周杰伦无疑是目前娱乐圈中的新天王。

周杰伦的外形、实力、个性以及才气等深得年轻人的喜爱。以周杰伦锁定目标消费者，让消费者对德尔惠产生品牌共鸣，对品牌产生感情，将是策划的主线。德尔惠重塑品牌的战役将围绕目标消费者、周杰伦、德尔惠品牌资产等进行有效整合。

2007年春节后，中国元老级的体育运动品牌德尔惠的LOGO、广告语、品牌英文名等悄然改变。这些，只不过是德尔惠品牌提升战略的前奏。德尔惠将掀起一场持续3年的品牌提升风暴，而这一切的目标，都将指向年轻的消费群体，意在让他们对品牌产生感情，从品牌中找到自我实现感和群体归属感。

重广告包装、轻品牌整体战略一直是中国企业的一大弱点。德尔惠并没有沉醉于近年来取得的成绩，而是认识到了当前的严峻形势，临危思变。

其中最为直观的表现是，德尔惠的品牌英文标志变了，广告内容变了。原来的品牌由拼音 DEERHUI 变为英文 DEERWAY，广告语“我的个性”也换成了 ON THE WAY。

LOGO 的英文化，是我们洞悉 15 ~ 25 岁消费者在运动鞋消费过程中的“洋品牌崇拜”、“炫耀性消费”、“追星消费”等情感的结果。英文商标的改换，意味着德尔惠这个本土名牌，要借助北京奥运这个绝好时机，顺应品牌国际化的发展潮流和趋势。

新的英文名也更具国际感、时尚感、信赖感和品质感，有利于提高品牌的溢价能力。德尔惠的新英文名进一步体现品牌定位和核心价值，有利于品牌形象的持续提升。

德尔惠 Logo 改进

2007 年，德尔惠计划新增 700 家以上专卖店，将全部采用全新的装修风格。

核心价值全面提升，实现年轻人的梦想

正如上文所说，在激烈的同质化竞争中，如何找到突破口，实现差异化，是德尔惠面临的难题，我们为德尔惠寻求到了新的市场缝隙。

一次射门，一次投篮，一次传球，一个扣杀，甚至一个眼神，一声呐喊，一个手势……都蕴含着选手的智慧和灵感。体育明星之所以能成为明星，除了他们有过人的技术，还有过人的智慧和独特的气质。我们说一个大师级的运动明星总是能即兴发挥，力挽狂澜，他们拥有独一无二的创造力。而代言人周杰伦本身也是一个多才多艺的全能艺人，无所不能，无与伦比。从行业竞争态势、消费者需求、品牌代言人和德尔惠品牌自身出发，我们将德尔惠的品牌定位为“运动创意派（π）”。

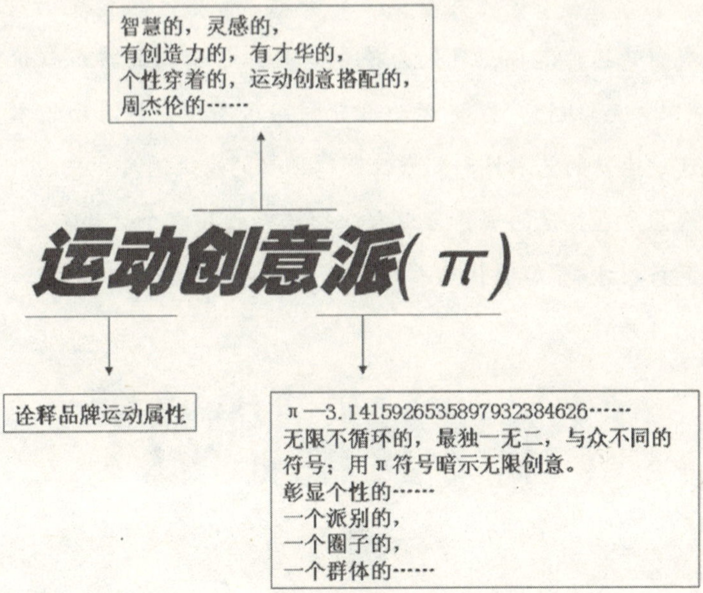

运动创意派阐释

运动——诠释品牌运动属性；创意——暗含着智慧、灵感和才华，符合年轻消费者的心理需求；派（π）——是一个圈子、一个群体、也是一个个性化的符号，体现年轻人追逐的与众不同的派别和族群，从中寻找到群体归属感。

这一品牌定位继承并升华了德尔惠多年来积累下来的品牌资产价值，即娱乐化的体育品牌，并与目标消费群体的特性、品牌代言人的特质完美地结合在一起。全新的品牌定位明晰了德尔惠的品牌形象：德尔惠是运动创意派的代表，是最具创意精神的品牌，是最代表消费者心理需求和个性的品牌，通过创新、创造和创意表现自己的个性。

在这一定位基础上，德尔惠确立了“中国休闲运动第一品牌”以及“富有时尚、娱乐和休闲元素的运动产品”的差异化产品定位，并将“明星运动装备”继续深化成高端产品，把娱乐运动的概念发挥到极致。

围绕新的品牌定位，我们为德尔惠确立了新的品牌核心价值，即“运动艺术，无限创意”，将运动上升到娱乐高度，将运动艺术化，让消费者通过运动的艺术性和创意性获得内心的愉悦满足和快乐，让消费者自己成为主宰生活的创意自由人。德尔惠的品牌个性升华为“激情、创意、品位、才气”，将代言人的个性与品牌个性捆绑在一起，实现融合与全面提升。

德尔惠新、旧广告语对比

与此同时，“DEERWAY，ON THE WAY”的新广告口号取代了过去的“运动个性”，新的口号与新英文标志形神合一。

新的品牌战略体系既延续了德尔惠的品牌资产，又满足了目标消费者的心理需求；既用足了周杰伦，又规避了未来企业更换代言人带来的风险。

至此，德尔惠完成了化蛹蝶变的过程，确立了全新的品牌形象。

品牌建设的基础是品牌战略，企业战略的核心是品牌战略。在产品趋于同质化的今天，有效洞察消费者内心需求，有针对性地利用代言人进行情感营销，是企业塑造差异化形象，迅速摆脱对手纠缠的有效手段。

李光斗与周杰伦共同为 Deerway, On the Way 博客大赛获奖选手颁奖

第五节
品牌让消费者产生依赖

一项关于顾客在超市购物的研究发现，有 20% 的顾客在超市货架前，果断地拿了自己认定的品牌产品就走。那么是什么让这 20% 的顾客在琳琅满目的商品面前能够忽略价格差异、功能细分、包装的吸引人程度而迅速做出决定呢？这就是品牌忠诚，就是消费者重复购买同一个品牌的理由。

◎良好情感体验叠加生成“品牌忠诚”◎

品牌为产品创造的附加价值是因为它能够满足消费者不同的、经常的、复杂多变的要求和欲望，就是要消费者对品牌产生感情，让消费者真正爱上我们的品牌。

马克思说，从产品到商品是一次惊险的跳跃，因为它实现了产品的价值。而从商品到品牌则是又一次惊险的跳跃，因为它实现的是产品的附加值，使产品有了生命，有了感情。

就像许多 Fans 喜欢自己的偶像一样，消费者也会忠诚于某一个品牌。像香烟的消费者甚至能够一生忠诚于一个品牌，在这个时候口味依赖和价格偏好已经成为次要的了，最重要的是对品牌文化的认同。

就像许多 Fans 喜欢偶像的原因互有不同一样，消费者进行重复性购买品牌的理由也会不同。但是归根结底，是品牌的“承诺”多次带给消费者良好的使用感受，而这些使用感受再去刺激使用者重复购买，重复购买再带来新的良好的品牌体验……久而久之，良好的品牌体验累加在一起就形成了“品牌忠诚”。

“品牌忠诚”是良好品牌体验坚持不懈的结果。已经形成了“品牌忠诚”的消费者是企业最大的财富。“品牌忠诚”不仅仅能让消费者保持对品牌的良好印象，而且能够直接刺激“重复消费”。

“二八理论”告诉我们：一个成功品牌的利润，有80%来自于20%的忠诚消费者（即回头客），争取一个新顾客比维持一个老顾客要多花去20倍的成本。可见提升品牌的忠诚度对于一个企业的生存发展有多么大的重要性。

对一个品牌有着长期感情积累的顾客会忽略该品牌的微小不足，不会去计较价格的上涨，不被其他品牌的促销活动所打动并且愿意尝试该品牌的新产品。

◎品牌忠诚的最高境界是情感依赖◎

如何让消费者对你的产品产生依赖？换句话说如何让消费者离不开你的品牌。

消费者如果在消费过程中得到一种特殊的享受，得到一种精神的满足，他就会对品牌产生情感依赖。我们称这种情感依赖为让消费者“上瘾”。

如何让消费者上瘾？有句俗语说得好：“毒瘾好戒，心瘾难断。”

餐饮业最大的成功就是让消费者产生“口味依赖”，让他不管走到天涯海角，都要想着这个口味。四川人走到全国各地都要吃川菜，湖南人走到海角天涯都要吃湘菜，中国人在曼哈顿、巴黎、悉尼、伦敦、柏林也都要寻找中餐馆，美国人无论在世界各地只要寻找到了一个M就意味着寻找到了一顿放心快捷的午餐。

让一个男人离不开家最好的办法，是让他迷恋上太太烧菜的口味。

张爱玲的小说里有句形象的比喻：要得到男人内心，必须要经过他的胃。

服装界最大的成功就是让消费者产生“款式依赖”，让他不管地老天荒，都要想着自己年轻漂亮时穿过的服饰。

克里斯汀·迪奥在战后1947年打出New Look标杆，“新风格”为女性形象掀起革命，显露女性优美纤腰、香肩和美腿的时装款式，给战后的苦闷保守的日子再添新姿。其中“H形线条”、“A形线条”、“Y形线条”剪裁方法一直流传到今天，蓬蓬裙、紧身上衣、马靴等也一直被明星、贵族们追随。

Dior坏小子与经典New Look

通讯运营商最大的成功就是让消费者产生“信息依赖”。

有一个调查结果显示，一个美国人早上离开家之后，能够让他重返家门的原因是担心家里的小孩儿；能让中国人离开家之后，返回去的唯一原因，是没带手机。

如果没带手机，都市人一天都会坐立不安、如坐针毡，生怕错过重要的电话，产生严重的“信息焦虑”。

如何能让消费者在情感上产生依赖呢？这就有赖于品牌传播。

品牌是什么？

品牌所能提供的核心价值是什么？

品牌的独特个性是什么？

十几年前，曾出现过这样一则娃哈哈营养液的电视广告“喝了娃哈哈，吃饭就是香”，让家长和孩子觉得“不喝娃哈哈，吃饭都不香”，最后还更为厉害地来了一句“今天你喝了没有”。其实，娃哈哈营养液不可能让饭变香，甚至不一定能生津开胃，是广告的作用让家长和孩子们产生了“品牌依赖”。

那么，如何通过广告来建立消费者与品牌之间的感情，在本书第五章中将有详细论述。

第四章

营销就是要“俘获人心”

营销是什么？

营销就是俘获人心。

中国的市场形势千变万化，竞争态势今非昔比。中国市场是世界上最特殊的市场，价格战此起彼伏永无止歇，概念战连连遭遇信任危机，服务战难有深层创新，产品与营销模式的严重同质化更使企业遭遇前所未有的成长瓶颈。可以说，中国市场上演了世界商战史上最激烈最精彩的营销战，各种营销手段几乎被用尽，阳光下难有新鲜的事物。

在这个时候，品牌的作用更加凸现，企业与消费者之间的感情沟通显得格外重要。中国是一个特殊的市场，在这个市场上“关系营销”有着重要的特殊作用。如今，这种“关系”已经超越了其狭隘的字面意义，代表着企业与消费者之间的感情沟通。

品牌就是要与消费者建立情感联系，让消费者爱上你。对于消费者来说，建立于精神动机和情感基础之上的购买习惯是很难被打破的。

在情感营销时代，情感诉求更多地被全球企业家使用在他们的“营销游戏”中，八仙过海，各显其能。

第一节
态度决定一切——态度营销

南丁格尔说：

“我们对生活的态度，决定着生活对我们的态度。”

对于营销而言，也是一样：

“我们对消费者的态度，决定着消费者对我们的态度。”

◎营销，态度决定成败◎

在如今产品同质化、服务流程标准化的今日，企业在营销过程中对待消费者的态度就成为衡量“出色营销”和“平庸营销”的分水岭。在企业与消费者的关系中，“态度”的好坏往往起着决定性的作用。

许多聪明的明星不管在后台多么要“大牌”，和观众见面的时候都要笑容盈面、亲切可掬，这就是“态度”问题。态度是让消费者产生感情的先决条件；态度是企业维系与消费者关系的根基；态度是使一切营销问题迎刃而解的利器。

“顾客是上帝”，企业对消费者的良好感情要在产品、服务、渠道、价格等各个方面体现出来，因此营销就变成了“态度”的终极体验。中国消费者协会对近年来消费者投诉的数据统计表明，消费者最不能接受的往往不是产品的质量问题，而是在发生问题之后商家的傲慢态度。

消费者并非是完全理智的，他们是有情有义的，也是“你敬我一尺，我还你一丈”的。企业在营销过程中对消费者态度不佳，就必然引起消费者的反感；相反，态度很好，必然引起消费者对企业的好感。

很多企业已经意识到了"态度营销"的重要性。

◎身体态度和精神态度◎

"态度"通常具有两种不同含义，一种是显露于外的"身体态度"，如"诚恳"、"冷淡"、"傲慢"、"热情"等，另外一种是表示有感情倾向的心理状态的"精神态度"，如"态度不错"、"态度让人钦佩"。

"态度营销"中所涉及的态度既有身体又包括精神，其中精神态度又可分为意识上所形成的精神状态和自然形成的精神状态两种。

"态度营销"要求在企业与消费者的"接触点"上保持良好态度，这种良好态度有两个层面的要求，一方面要求企业与消费者接触的销售人员、服务人员等要力行保持身体态度始终处于"真诚"、"热情"等让消费者产生好感的状态上，并且保证自然形成的精神状态处于最佳；另外一方面要求通过有限的"接触点"来展示企业和品牌的意识"精神状态"，要用设计好的"意识上所形成的精神状态"来感动消费者。

在北京首都机场登机安检时，总能在公事公办、表情冷漠的安检人员旁边看到一个画着"灿烂微笑"面孔的塑料苹果。这样的反讽反而会刺激乘客的心理感受，如果人无法做到的事情，交给一个塑料道具来做，这是管理上的偷懒。

Jack&Jones服饰品牌在挑选门店销售人员的时候要挑选性格活泼、充满活力的年轻女孩，并且有一套培训体系中规范了"何时以何种态度与消费者打招呼"，"在给消费者建议时候的态度"，"在消费者试穿时的态度"，甚至"对待男性消费者女朋友的态度"等等。可见，好的态度是打动消费者内心的利器。

态度是人类交际过程中永恒的话题，是维系人与人之间关系的基础。

态度是建设人与人之间关系的桥梁，是化解一切利益矛盾的情感支点。

态度是俘虏消费者内心的营销，态度决定成败。

◎ 案例

“安利”——态度营销的高手

安利在中国的成功是“情感营销”的典范，从它的营销模式到营销手段都运用了情感因素。安利所创建的人际关系网络是“亲情、友情和爱情”的层层渗透，开创了物质与精神双重属性的经营模式先河，可谓是将“感情”在营销之中的作用发挥到了极致，同时安利也是态度营销的高手，在对待营业代表、顾客以及大众的态度上都做足了文章。

给员工提供一个创业舞台

安利省去了传统企业与顾客间层层代理商与大、中、小批发商的多个环节，直接以专卖店面向消费者，采用同一市场价格，把原本给代理商的利润转移给营业代表了。安利对待任何一个营业代表都是公平的态度，谁都可以通过自己的努力获得相当于代理商的收入，谁都可以在短时间内努力实现“钻石会员”目标，安利真正为代理商提供了一个可以自由炫彩的创业舞台。

安利的营销模式决定了他的营业代表既是消费者又是经营活动的参与者，这种模式极大地鼓舞了营业代表积极地使用产品、研究产品，以至于喜欢上产品的态度，真正地做到了自觉自发。我们在写字楼前经常能看见身着西装的安利营销代表在散发传单，他们的脸上往往洋溢着笑容，充满自信地重复着：

“您好，安利，为您生活添色彩！”他们不畏冷眼，不畏挫折，心中感觉自己从事的事业充满阳光。

安利营业代表所表现出来的自信、乐观和坚持的态度能够感染更多的顾客，让顾客对安利的产品和品牌产生信心和好感，高品位的产品和文化通过销售代表传达给了客户，渗透进入了客户的思想、家庭，也影响着顾客的生活态度。

为社会添美好色彩

在运用“态度”与消费者进行的沟通中，安利无疑是成功的，然而一个品牌能否得到消费者的拥戴，其公众形象也非常重要。安利多年来主动与各地政府进行沟通，安利高层与中国城市政府官员进行互访交流、增进友谊，建立起良好的社会关系，同时安利“为您生活添色彩”的文化也延伸到社会领域，他们致力于社会公益事业的参与和推广。这种回馈社会的坚定态度推动了安利品牌在中国的认知和美誉度的提高，使得安利在中国有良好的口碑和形象。

可以说，把安利的态度营销放在任何一种产品、任何一个品牌、任何一个行业的营销工作中来，都能够取得成功。

第二节
不做无名英雄——可感知营销

“可感知营销”就是企业在整个营销过程中尽量让顾客全面感受到关于产品功能、消费者使用利益、品牌文化等所有细节。

你是什么样的?

你做了什么?

你能为消费者带来什么好处?

你比竞争对手好在哪?

这一切都要采取相应的手段让消费者感知到。

正所谓:“你做到了什么并不重要，你让消费者感受到你做了什么更重要。”

在“可感知营销”过程中，消费者的视觉、听觉、嗅觉、味觉、触觉都被充分调动起来，消费者的神经末梢几乎完全暴露在品牌的光芒下，“灵台无计逃神矢”。

蛋糕店放舒缓音乐营造小资情调，同时还在店门附近用特制香料散发出的奶油气味刺激行人的嗅觉，在大玻璃窗外现场演示做蛋糕的过程，除从视觉上刺激消费者食欲之外，还让消费者感知到蛋糕的原料是高级鲜奶、精致的鸡蛋、优质的面粉。

◎气味营销——勾引你的鼻子◎

气味营销是指以特定气味吸引消费者关注、记忆、认同以及最终形成消费的一种营销方式，是对消费者味觉、嗅觉的刺激，有别于传统视觉刺激。

英国牛津大学的研究显示，人会把气味与特定的经验或物品联想在一起，该校心理学家让参与者分别吸入新的并能辨得出来的气味，同时扫描受测试者的脑部，记录不同气味引发的脑部反应。

人们以往以为自己嗅觉不发达，但其实气味对人类的生活影响甚大，人会把气味与特定的经验或物品联想在一起，气味营销 FM（Fragrance Marketing）随之被推出，并被商家广泛运用。气味，淡淡的香味如同标签一样，让消费者一闻就想起特定品牌。

古语有云：“雨后作画知墨润，花前得句觉诗香”。美好的气味可以让人产生神清气爽的感觉，从而对品牌有特定的认知和良好的印象。气味营销是一种创新的营销手段，是营销差异化的范本。

英国高档衬衫零售商托马斯·彼克耐心地研制一种个性化气味，他在纽约、旧金山、波士顿新开的商店中放置传味器，当顾客经过时，传味器就会散发一种新鲜的、经过清洗的棉花相关。这种味觉享受让人迅速有了价值联想。

卡夫食品（Kraft Foods）在杂志广告中也有气味的运用，读者只要对杂志广告中的某几个点进行摩擦，就会散发出广告产品的味道。以卡夫 Philadelphia 奶油奶酪的一则整页广告为例。广告呈现了一个草莓奶酪蛋糕的图片。经摩擦后，照片会散发出这种甜品的香甜味道。此外，肉桂咖啡、樱桃 Jell－O 以及白巧克力的味道也将在不同的广告中呈现。

在明信片大小的广告插页上，铺上许多微小的香油滴，并用特殊技术使油滴不会裂开溢出。只要撕开插页，便会有某一品牌的香水味徐徐逸出。这种传播嗅觉符号的香页广告，还使著名的英国劳斯莱斯汽车公司受到启发，让读者在香页上闻到该车车座的高级皮革香味。

用气味促进销售是有科学依据的。研究表明，人的大脑中负责处理嗅觉的神经与主管情绪控制的中枢神经紧密相连，因此气味会强烈影响人的情绪。而且，嗅觉记忆比视觉记忆要可靠得多。美国研究机构的研究结果表明，人们回想 1 年前的气味准确度为65%，然而回忆3 个月前看过的照片，准确度仅为 50%。味道、气味牵动着人的情绪与记忆，味道有如一只温柔的手，触动消费者心底的一根琴弦，让消费者身临其境，感受大自然的清新，诱人的美食，安宁放松的舒缓，自然便对购买行为产生了影响。

当前消费者在电视、杂志、报纸等的广告宣传的强大攻势下，视觉与听觉已略有麻木。此时，抓住敏锐的嗅觉，用细腻的情感将产品与消费者联系起来，在细节之处感动消费者，抓住市场缝隙，继而占领这个市场缝隙，加入适当的“气味”营销，企业就会有很大的发展空间。

在我们为中国某知名家具品牌做产品策划时，便利用气味营销原理推出了智能香薰床垫，将香味内置于床垫中，将精选的普罗旺斯薰衣草精华配合珍贵的保加利亚玫瑰香味内置在床垫中，采用高科技缓释技术，能够长期散发天然芬芳，营造舒适惬意、温馨浪漫的卧室环境，独特的香味能有效缓解精神紧张，解除焦虑情绪，改善心肌功能，具有安神醒脑、平心静气、助眠美容功效，在终端专卖店，这种床垫散发的独特香味吸引了不少消费者。

◎色彩营销——诱惑你的眼球◎

色彩营销主张根据消费者对色彩的心理需求，运用色彩组合来促进产品销售。最早的色彩营销理论起源于美国，在20 世纪 80 年代由 CMB 公司在企业的营销实践中提炼和总结出来。色彩营销主张根据消费者的形象审美需求，将颜色进行分类，根据产品属性、卖场环境特征等因素运用各系色彩的和谐搭配，选取最合理的色彩系列进行产品包装、广告宣传以及品牌 VI 整合。

通过色彩产品本身、产品包装、销售人员服饰、环境设置、广告宣传、店面装饰灯统一的 VI 形象来刺激消费者的视觉感官，让色彩成为沟通商品、品牌与消费者内心情感的桥梁，使商品情感化，提高营销效率。消费者的色彩偏好会由于年龄、性别、宗教信仰、地域、民族的不同而表现出差异性：红色历来被我国视为美满的象征，而德国人对红色却不太喜欢；在中东地区人们特别珍爱绿，而日本人却忌绿色，认为绿色是不祥的颜色；婴儿们最喜欢黄色和红色这一类暖色，4 到 9 岁的幼儿喜欢红色，9 岁以后喜欢蓝色。

不同性别、性格的消费者，以及同一消费者在不同心情状况、不同的生活环境下对色彩所形成的偏好和需求也是不同的，因此营销者在开展营销活动之前应该首先了解目标市场上消费者对色彩的需求及偏好，然后将目标消费者的色彩需求与企业产品的特定性质结合起来，恰当运用色彩，使色彩传达给消费者的信息、情感符合他们的购买期望。

此外，人的活动容易受到环境的干扰，从而使物体表面的色彩在进入人的视觉感官后产生错觉变形，或者色彩在进入人的感官之后能够对人的情绪起到神奇的作用。色彩营销正是利用了这样的神经学和心理学原理，一方面深入分析目标消费者的色彩偏好，另外一方面掌握和分析消费者对色彩偏好的差异性和趋同性，在此基础上运用色彩进行企业、产品的形象策划。色彩错觉存在着膨胀与紧缩，华丽与俗雅，活泼与安静之间的区别，而人对色彩的感知度更是能够影响诸如食欲、心率、情绪等情感指标。

在市场上，我们很容易找到与“红色”和“金色”有关的婚庆产品，我们很容易发现食品的包装大多采用暖色调来刺激人们的食欲，而化妆品的包装通常采用灰度较高的颜色来提升其档次。

在我们多年的策划实践中，也非常重视色彩的运用，其中“喜临门”的整体策划就是一个典型的案例。

◎ 案例

“喜临门”，用色彩焕发品牌国际风采

产品色彩提升——营造“国际风尚睡床”

国际风尚睡床的定位极为精准，得到了大家的共识：“喜临门”天然地带着喜气，优良的品牌资产必须有继承性，同时打造国际化品牌，时尚、年轻、血统洋化，床垫本身与睡眠有着天然属性。而金色、红色、灰色、乳白色等颜色，既赋予了产品国际化的外观，又给消费者带来“舒适、温暖、透气”的联想，同时还将中国传统的“红文化”、“喜文化”融于产品当中。

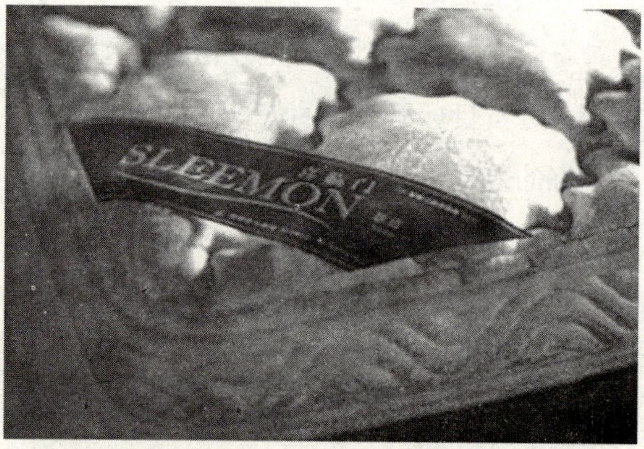

标识色彩提升——迎接国际化形象

“人品好，样子也要长得好看”，喜临门要想国际化，“换标”是当务之急，“换标准色”是势在必行。

经过大量的测试与比较，我们将喜临门由原来的 xilinmen 改为 sleemon，sleemon 为英文 sleep、man 和 moon 的三者结合，

意为“月亮上的酣睡者”，大气、简洁、易识别，体现了企业的国际性特点。

LOGO 中“镂空”运用象征着床垫良好的“透气性”；LOGO 底部圆弧曲线是根据人体睡眠力学演变而来，床垫的健康舒适属性在 LOGO 中得到充分体现；配以暗红色的高雅、金色的华贵，暗红色和金色的组合比过去的灰色更能体现神秘、高雅和暧昧，并且红色系所蕴含的喜庆感和文化也丰富了“喜临门”的品牌内涵。

广告色彩提升：“国际巨星”巩俐代言，品牌沟通其实很简单

解决了品牌形象和产品形象的问题之后，客户仍然有一个困惑，那就是喜临门的广告形象如何提升，是否应该选择一个代言人来完成品牌与消费者的沟通。

客户的困惑是有道理的，广告是消费者与产品最主要的“接触点”，如果广告形象不能提升，那么之前我们所作的一切努力都将付之东流。

寻找一个与喜临门品牌定位——国际风尚睡床相吻合的品牌代言人，将钱用在刀刃上，通过代言人的格调、代言人的形象、代言人的色彩在广告中的应用产生最深入、最打动人心的品牌传播效果。

巩利代言“喜临门”

巩俐，这个有“世界上最美丽的东方女人”之称且家喻户晓的国际巨星，在消费者当中具有极高的知名度和美誉度。不论经过多长的时间，她只会越来越醇美，如好酒，既醉人身，也动人心。

2006年以来，巩俐不仅在张艺谋的《满城尽带黄金甲》中出尽风头，而且在新近好莱坞大片《迈阿密风云》、《沉默的羔羊前传》里都有精彩表现。

魅力当红，风韵不减——巩俐的国际化形象与喜临门国际风尚睡床定位不谋而合，所以，启用国际巨星巩俐作为代言人，激发起更高的社会关注度和品牌影响力，虏取消费者的心智资源将变得更加简单、更加有效。

优雅的国际巨星代言人使广告色调得到了彻底的改观，相比过去喜临门广告中“科学家”形象，相比大红和天蓝色，喜临门的新广告色彩明显的更加国际化、和谐、具有档次感，配上“美丽是睡出来的”这句广告语，将中国传统的喜文化、睡眠文化用最国际化的形式加以表现，真正让消费者爱上“国际风尚睡床”。

2006年8月19日，在深圳国际会展中心，第19届深圳国际家具展隆重开幕，喜临门现场空前火爆，消费者络绎不绝，众多经销商争抢喜临门床垫经销权，远远超出我们和客户的预期。

通过产品、标识、广告上的色彩改变，喜临门床垫销售将出现井喷式增长。与此同时，喜临门已与国际知名床垫企业Spring air达成合作意向，喜临门国际化品牌运作正在有条不紊地进行，一个全国乃至世界的品牌正在悄然崛起，喜临门集团焕发出新的光彩。

可感知营销的实现途径

这种"可感知营销"可以通过两个途径来实现，一个途径就是增加品牌与消费者的"接触点"，这样就等于说增加了消费者对品牌的感知机会；另外一个途径就是在现有的消费者与品牌的接触点上激发更有效的感知。至于究竟选择哪个途径来俘虏消费者的感情，这与品牌自身的发展策略息息相关。

比如说，可口可乐认为消费者的潜意识是“无处不在的商品是好商品”，于是他们尽可能大地增加与消费者的接触点，以“频繁露面”作为“可感知营销”的指导思想，除了大规模进行广告轰炸、赞助奥运会等全球项目外，还捐助希望小学，到农村市场铺货。正如其一位营销总监所言：“如果我发现世界上还有一个地方，哪怕是一个小村落没有可口可乐，我就会睡不着觉。”

而奢侈品牌路易·威登则不然，他们选择的是不额外过多制造“接触点”，而是在每一个有效的“接触点”上给消费者更多、更深入的关于奢侈品的感知。他们在全球都很少有电视广告，而只是在高端时尚杂志上有少量广告投放，并且他们的销售人员要保证一种不卑不亢的态度，最重要的是他们从来不会折价促销。

第三节
声色味形香的极致运用——体验营销

随着社会物质生活水平的不断提高，消费市场上的产品和品牌的日益丰富，消费者消费心态的日益变化，经济的发展从过去的农业经济、工业经济、服务经济发展到了“体验经济”。

随着80后一代成长为主流消费群体，他们买不起房子但很有可能花钱去香港迪士尼乐园享乐，消费者在消费过程中越来越注重感性的个体体验，产品或服务所带来的心理效益占据越来越重要的位置。

“体验式营销”的最终目的是要为顾客创造全方位的体验，即感觉体验（SENSE）、情感体验（FEEL）、创造性认知体验（THINK）、身体体验和生活方式体验（ACT）及社会特性体验（RELATE）。

用美国营销专家菲利普·科特勒的话来说：“‘体验式营销’就是以商品为素材，塑造感官体验和思维认同，吸引消费者注意力，为他们制造出值得回忆的感受，并为产品找到新的存在价值与空间。”

1999年约瑟夫和詹姆斯合著的《体验经济》中提出了“工作是剧场，生意是舞台”的观点，在营销界掀起了“体验风暴”。家具店变成了“生活馆”，文物店成了“酒吧”，音像行变成了“影音乐园”……

于是，营销的作用开始向为消费者提供一种感觉，一种情绪上、体力上、智力上甚至精神上的体验延伸的转变。“体验式营销”可以说是对“可感知营销”的升级，是一种全方位、立体出击的综合性营销手段。

小贩在买瓜子等小食品时，会让顾客先品尝一下，体验一下瓜子的味道，这样往往能够吸引更多的顾客来购买。毕竟，你说得再好听，顾客更在意的还是体现在细节上的实实在在的体验。如果你能在细节上让顾客获得实实在在的舒适体验，这会比你说多少、做多少强百倍。当然我们所说的体验营销与体验经济远比简单的品尝体验复杂与深奥得多。

◎ 案例

“飞跃”，DIY 带来家用缝纫机第二个春天

缝纫机是做衣服的一种工具，在 20 世纪 70 年代被誉为“四大件”之一，与自行车、收音机、手表齐名，是女儿出嫁时母亲陪嫁的重要物品。后来，随着工业的发展，成衣制造业发展迅猛，使得“家用缝纫机”作为劳动工具逐步退出了历史舞台。

作为一种辅助劳动的工具，家用缝纫机已经被打入冷宫，但是换一个思路看，卖缝纫机究竟可以卖什么。

飞跃找到了突破口，在很多城市开设了“缝艺吧”，让消费者可以在自己的牛仔裤、衬衫袖口、领带上绣上自己想要得到的图案。这个时候，缝纫机成了 DIY 过程中的玩具，使用这个产品享受“所见即所得”的快感，只要想要什么图案，在电脑上进行选择，缝纫机马上就会帮助你绣在衣料上。

新的营销方式，让家用缝纫机产品从劳动工具摇身一变，成了成人的玩具，让家庭劳动成为一种具有创造性的活动，让劳动工具的消费变成了一种增添生活价值的情感消费。消费者和产品之间产生了互动，发生了感情。

变“劳动”为“游戏”

在北欧，每个家庭都有一台缝纫机，不是为了做衣服，而是让自己的衣服有个性。家庭成员会说，我要在我的牛仔裤上

绣一朵独一无二的美丽的玫瑰花。

时尚理念总是周而复始地轮回。以前的人用缝纫机做衣服是时尚，而今天用缝纫机装点个人生活也成了时尚。

只是现在缝纫机与制作的物件都已经今非昔比了。人们追求高科技的产物，却又不舍往日手工劳作的那一份美丽心情。

DIY 这个新名词便应运而生，以鲜活的姿态回应着时尚一族，让手工与机械相互结合，创造着心仪的工艺品。

保持自然、健康的心境，静下心来用现代的缝纫设备做出一件件独具创意的小物件，也可算是一种新的尝试。

也许你会想："我是很想自己动手缝纫，可是家里的缝纫机早就在搬新居的时候扔了，到哪里找这份闲情?"

于是，在都市的繁华地带"飞跃"时尚缝艺吧应运而生，让人们在重温往昔的同时，缔造着新的时尚休闲。

DIY 中体验生活美学

"飞跃"时尚缝艺吧面积不大，但装修和装饰温馨可人。一进门，你就会感受到了在成人世界里久违了的天真，没有咄咄逼人的压力，只有享受生活的宁静，这是一个十足安静、自由、祥和的创意空间。

这里陈列着指导老师的样品和会员们的作品。会员们利用飞跃家用缝纫机在沙发靠垫、窗帘、桌布、手帕上面缝绣上自己喜爱的图案，也有用碎布拼贴成的五彩壁画、电视墙，有的是既实用又美观的布艺包包，还有精美程度堪比商场的布艺玩偶公仔。缝艺吧的指导老师都具有深厚的缝纫、拼布和布艺制作经验，专业的教师让学员充分发挥自己的想象力，从大自然中引发灵感，寻找遗失的美好。这里展示并出售各种家用多功能缝纫机，可以让人们在布料上随心所欲地"缝"出各种图案。

买来的衣服没有个性，漂亮的衣服上不小心破了一个洞，不穿的牛仔衣裤弃之可惜、留之无用等，这些家庭生活中常见的困扰也可以在这里边得到圆满解决。通过改装、绣花或者贴布，让物品升值，让心情升华。

穿珠，也是缝艺吧里的一个项目，它吸引了不少时尚中人参加。自己动手用一些珠片与各色珠子串成项链、手链、戒指等小巧玲珑的饰品，充满着发挥自我艺术天赋的成就感。当然，大家除了可以在店里制作以外，学员们完全可以购买这里的工具，在家中享受布艺的乐趣。

摆脱了纷扰的情绪，静下心来制作自己喜欢的布艺制品。在时尚缝艺吧里，许多人都换了一种心情，变得耐心了许多。图纸画错了，再来一次，线脚踏歪了，再重来。一切都可以优游优哉地解决。

缝艺吧的指导老师说："这里的学员，既有家庭主妇，也有年轻女孩，大多数学员在这里一呆就是一整天，互相讨论问题，探求制作方法，非常有成就感。有些人还特地在好朋友结婚的时候送上自己亲手制作的家居礼品。"人们在喧嚣的都市生活中寻找到了一个宁静的DIY乐园。

◎会议营销——让体验产生"蝴蝶效应"◎

会议营销是体验营销另一种较常用的方式，它是通过将目标消费者召集起来开会、组织游戏、旅游等方式使参与者不自觉中对主办者的产品产生好感并诱发购买行为，同时通过参与者口碑的"蝴蝶效应"，使更多的人加入到购买和口碑传播的行列中来。

运用会议营销最多的当属针对中老年人的医药保健品了。大连珍奥核酸就深谙其中之道。珍奥核酸常常到居民社区做“小区会议营销”，组织老年人一起交流使用珍奥核酸后的健康心得，还免费带领老年人登山、健身、旅游等，让老年人感受到家的温暖。在活动中，他们会不失时机地介绍自己的产品。中国人讲究“情义”，在活动组织者呼“妈”叫“爸”的热烈体验氛围中，参与者会自然把对活动的热情、对组织者的感激转移到对珍奥核酸产品的信任上。渴望与人交流的中老年人更会义务为珍奥核酸做宣传，向孩子和其他老年人推销珍奥核酸。

会议营销，名曰“会议”，实则“销售”。一次体验活动往往会给品牌带来数倍的经济和社会收益。

◎代言人体验——代言人价值最大化◎

如今品牌找明星当代言人之风盛行，主要是希望利用代言人的明星效应增加目标消费者的注意力，从而对品牌产生爱屋及乌的关联效应。但是，许多时候，品牌代言人的价值并没有很好地被挖掘，甚至品牌价值会因为代言人自身的某种原因遭受损害。如何实现品牌代言人价值的最大化呢？体验营销被认为是实现品牌代言人价值最大化的有效方式。民生药业主办的“倪萍杭州行公益活动”就印证了这一点。

倪萍担任中央电视台节目主持人十余年，在岗位上尽心尽责，口碑一直很好，深受普通民众的喜爱，中老年人更是把她当作知心朋友。民生药业作为有 80 年发展史的知名企业，一直秉承负责任的品牌理念。倪萍的明星形象和民生的企业精神十分吻合，所以民生药业于 2004 年底聘请倪萍担任其旗下“21 金维他”的品牌代言人。

为充分挖掘品牌代言人的价值，民生药业在 2005 年 5 月举办了一场“倪萍走进社区，健康走进家庭”大型公益活动。身为“21 金维他”品牌代言人的倪萍在杭州到敬老院慰问老人，在儿童福利院认养孤儿，在药店和营业员交谈，在社区和普通消费者亲密接触，还为21金维他忠实消费者赠送礼物……所到之处，反响十分热烈，最后在众多媒体的见证下，民生药业授予倪萍“21金维他爱心大使”的殊荣。此次“体验倪萍”公益活动历时3天，民生药业借助倪萍的明星影响力成功打造了自己“关注健康、热心公益、负责任”的企业形象。倪萍杭州行新闻事件的传播又使宣传效果突破地域，扩大到了全国。

举行由品牌代言人参加的“亲密接触”、“激情体验”等活动，可以制造新闻事件，吸引公众眼球，树立企业形象，起到很好的品牌宣传效果，在实战中屡试不爽。只要组织得当，掌握分寸，代言人体验营销可谓是实现品牌代言人价值最大化的有效武器。

◎个性化营销——能让布什带走的睡衣◎

希尔顿酒店在全世界的口碑都非常好，这不仅仅是因为酒店金碧辉煌的建筑、豪华舒适的房间，更取决于他们无微不至的服务和热情的“个性化营销”。

世界整合营销传播的奠基人唐·舒尔茨先生度假时曾在美国希尔顿酒店预定了套房。令舒尔茨先生没有想到在他们到达的时候，大堂经理在酒店门口迎接他们一家的时候，竟然准确地叫出了三个孩子的名字，并且分别为他们准备了不同的、令每个孩子都欢天喜地的礼物，这让舒尔茨一家倍感亲切，感慨颇深。

小布什担任总统第一次来华访问期间，对酒店总统套房中的“睡衣”爱不释手，打包带走了。这件睡衣为什么也能让美国总统动心呢？

其实就是利用了人性中软弱的一面，叫个性化营销。

真丝睡衣上除了绣有中国传统文化中象征吉祥、富贵、团圆的龙、凤之外，还专门绣上了乔治·布什和劳拉·布什的英文缩写。

◎超级女生——活动体验之典范◎

在这个信息爆炸的时代，广告效果降低，传统的广告营销模式已经无法在第一时间吸引受众的眼球，而互动式、体验式、置入式的营销手段，能很好地调节信息爆炸与信息抵制的传递矛盾，全方位地满足广告消费受众的需求，将受众人群细分，在消费群体中形成一种新的分化效应。应该说，在中国营销史上，还没有一种营销互动方式能形成如超级女声一般的影响效果。

◎蒙牛的"借势"和"造势"◎

善于"借势"和"造势"是蒙牛的制胜法宝之一。"蒙牛酸酸乳超级女声"在一夜之间红遍大江南北，从 10 岁到 70 岁一网打尽。一时间，"凉粉"、"盒饭"、"笔迷"、"玉米"充斥全国，甚至还演变成了一场全民运动。

作为超级女声的冠名赞助商，蒙牛无疑是成功的。《酸酸甜甜就是我》和《想唱就唱》这两首歌曲把蒙牛酸酸乳的品牌定位很好地和超级女声的流行时尚紧密地联系在一起，而超级女声的最终冠军李宇春的"玉米" Fans 也正是蒙牛酸酸乳的目标消费群。

蒙牛善于捕捉新闻事件和制造流行时尚的能力，在中国堪称一流。

"'非典'时期的非常营销"

"中国乳都"

"中国航天员专用牛奶"

"蒙牛酸酸乳超级女声"

"每天一斤奶，强壮中国人——为全国 500 所小学送奶大型公益活动"

……

蒙牛董事长牛根生与“超级女声”冠军李宇春

蒙牛的事件营销策划得一个比一个成熟，也一个比一个更具影响力。

“中国航天员专用牛奶”事件营销的借势造势计划得十分周详。从2003年4月蒙牛被确定为“中国航天员专用牛奶”到同年10月“神舟5号”发射成功，作为这个项目的总顾问，我们花了半年的时间做策划和实施。成功总是青睐有准备的人，在“神舟5号”发射成功后那些举国狂欢的日子里，所有的媒体都被调动了起来，蒙牛一下子脱颖而出，蒙牛借助这场精彩的策划得到了大幅度的品牌提升和业绩增长。

事件营销本身是需要事件的，捕捉事件的能力有时候比策划本身更重要。超级女声是直接对着消费者去的，它本身就是流行的制造者。蒙牛酸酸乳的成功绝不是偶然的，我们看到的是它背后敏锐的市场洞察、对消费者的认知以及制造流行的能力，充分利用互动调动消费者的感官、情感使得对事物价值有了更深刻的认识，当越来越多的消费者得到了互动与体验，就会促进产品的热销。

◎蒙牛与湖南卫视的完美“联魅”◎

2005年，湖南卫视与蒙牛集团联手打造的超级女声节目创下了收视奇迹。“超级女声”让蒙牛的目标消费群深深感到“‘超级女声’就是我，我就是超级女生”，而作为每一位超级女生，都有秀出自己、追求自己喜欢的生活方式的时候。不管是“超级女声”还是“酸酸乳”都成功了。

当然，在任何的环节中我们必须时刻注意贯穿活动主题的深层意义。女孩子说：“我会选择喝蒙牛的酸酸乳，因为它是‘超级女声’的选择，代表一种时尚，一种性格，一种自我。”

当一个消费者走到货架前，不看价钱，毫不犹豫，伸手选择这个产品时，只是因为觉得“我属于超级女声这一类人”。当“超级女声”赋予了蒙牛产品以这样的活力，让牛奶活起来、动起来，充满生命的时候，蒙牛成功了，湖南卫视也成功了！这也意味着湖南卫视和蒙牛这两个不同类型的行业领军企业完成了一次空前的跨行业联手。

“超级女声”与蒙牛酸酸乳

超级女声的目标市场与蒙牛酸酸乳的目标市场的一致性是其获得成功最基本的前提。也就是说，无论什么营销方式，首先要关注的仍然是如何把产品变成魅力产品的过程，魅力产品要通过消费者诉求情感，消费者与产品之间需要产生体验信誉、互动关系、感情以及依赖需求等实践，所以说只有富有情感色彩的产品才能卖出好价钱。这个魅力产品的过程叫体验、互动、感情、依赖，一旦离不开就变成了程度极高的依赖性产品。

超级女声为什么会成功？第一，它是体验经济的产物，让消费者参与进来；第二，它是产品的互动，它的产品和消费者之间已经形成了一种情感的联系，堪称魅力营销，所以它卖的不单纯是产品，而是将产品附加了情感。蒙牛酸酸乳与超级女声联魅的最大特点是把一种感情产品放到了电视台。超级女声说到底就是一个卡拉 OK，它其实都是作用于感情表达的。那么卡拉 OK 是什么？卡拉 OK 贵在参与，给每一个人表现的机会。对于一个企业来说，要让你的产品产生一种魔力，要吸引住消费者，就是要完成一个从理智诉求上升到情感诉求的过程。

◎“重在参与”让消费者钟情于品牌◎

专家分析构成“超级女声”高收视率的收视铁三角是：不专业而刻苦的选手，刻薄的评委与踊跃参与的大众狂欢。

但在老百姓的眼里，正是因为它毫不虚假的真唱和公正公平公开的评审等因素才钟情于它。参加“超级女声”大赛的确实有非专业的选手，但也有不少是既专业又刻苦的音乐系学生或曾经得过专业大奖的音乐专才，她们毫不虚假的真唱比很多在舞台上假唱的名歌星更受大众欢迎，她们的专业素养远胜过那些靠在录音棚里一句接一句磨出唱片的“人造歌星”。至于评委，媒体只看到他们的“刻薄”，可观众认为“良药苦口利于病”，“刻薄”的批评远胜过毫无原则地大肆吹捧；何况，“刻薄”之外更有真诚的鼓励和真情的流露。有一位拄着拐杖、年龄颇大的超级女生也参加了“超级女声”比赛，她曾经全身瘫痪却始终顽强拼搏，终于在音乐的殿堂里又一次获得了新生。她的奋斗精神不仅打动了评委的心，同时也深深打动了全国亿万观众的心。

有好的娱乐节目才有大众的喜爱，有好的互动营销才有消费者钟情的品牌。“超级女声”作为一种文化现象得到全国观众的喜爱，是因为它传播的是一种“平民文化”，是一种“重在参与”的文化；蒙牛酸酸乳置身其中，从“让你喜欢”到“我就喜欢”，为平民百姓提供了一个“零门槛”、尽情展现自我的大舞台。

蒙牛酸酸乳通过超级女声，为产品注入感情的因素，实现了从卖产品到卖品牌、卖普通产品到卖情感品牌的进化。

第四节
营销因故事而生动——故事营销

这个世界最赚钱的行业是什么？

编故事，讲故事，卖故事。

英国乡下一个生活极度困顿的单身母亲，就是因为向全世界讲述童话般的魔法故事，赚的钱比英女王还多，她是人类历史上第一个收入超过10亿美元的作家——乔安·罗琳（J. K. Rowling）。她的《哈里·波特》第四集尚未动笔之时，就得到1000多万美元的预付稿酬。

而在福布斯排行榜上，中国最赚钱的文人，也是一个讲三国故事的人——易中天。

越是神秘的东西，越是能引起人们的好奇，越是有人想迫不及待地知道它。品牌故事不但可以使一种产品神圣化，而且其神秘性可以让产品及品牌的知名度随之远播，并且这种独特性是竞争对手无法复制的。

品牌故事不但可以使品牌饱满，还能为产品增加附加值，提高溢价能力，让你的消费者愿意支付高价。如果营销不能为品牌增加附加值，营销就失去了意义。单靠传统的促销、买赠等手段是无法建立品牌优势的。

所有的品牌都有其历史和诞生的文化渊源，这种历史和文化渊源如果不被消费者知道，那么它就将深藏在品牌的骨髓里。如果编成消费者可以感知的故事，则会为品牌增添魅力。

品牌故事是品牌在发展的过程中将其优秀的一方面梳理、总结出来，并且形成一种清晰、容易记忆又令人浮想联翩的价值传承体系。说到这里，有人会联想到企业的广告，不同的是，广告只能让消费者在看到这些广告的瞬间记住品牌的名字，而对品牌要表达的理念并没有深刻的认识。

品牌故事则是另一种形式的广告，是品牌发展过程中与消费者之间成功的情感传递。消费者购买的不仅仅是一件衣服，也希望得到消费以外的情感体验和相关联想，这种联想会让消费者与品牌产生共鸣与认同感，因此一个成功的品牌是由无数个感人至深的故事构成的，没有故事就没有品牌。

品牌是需要“制造”和“积累”的。

一个品牌的成长是由无数多的故事堆砌而成的，这些故事包括品牌诞生的传奇故事、对品牌质量的严谨故事以及为顾客服务的感人故事。任何一个品牌在经历过十年、二十年甚至更加久远的时间以后，企业在成长过程中踏过的每一步都是一个故事，都有一段精彩，积累起来便形成品牌的经典故事，而品牌最终打动消费者的不仅仅是产品，更多的是通过故事与消费者达成情感的共鸣，从而将品牌铭记于心。

品牌故事不是凭空编造出来的，像“张瑞敏砸冰箱”的品牌故事就来源于企业品牌的发展历程之中，深入人心的品牌故事会以一种亲切的、让人容易接受的方式铭刻在消费者的脑海里。

品牌的最高境界是铭刻在消费者的脑海里，像宗教一样神圣。

◎阿伦酒吧：摘花的故事◎

没有传统招商会大规模的吆喝，也没有铺天盖地的广告，成立仅仅六年的“阿伦故事”酒吧，已经有多达 198 家加盟酒吧，现在它们已经发展成为成都最大的连锁主题酒吧。“阿伦故事”酒吧的成功秘诀是给每个光临的顾客讲故事。

可复制性是连锁成功的必然组成要素，而树立自己的核心文化竞争力才是成功的关键。只有为客户创造感动，才是情感营销的核心和真谛，而阿伦酒吧就是靠讲故事这一独门武器来进行感情营销的。说起讲故事，其实很多国外著名公司都有自己的品牌故事，而其中的管理人员很多也都是讲故事的高手，IBM 专门请来好莱坞著名编剧奥顿担任顾问专门训练管理人员讲故事；NIKE 的新员工要听一小时的公司故事，NIKE 的教育官通常被称为“故事官”；可口可乐、壳牌石油、苹果、星巴克也都采用类似的方式培训经理人……

情感是唯一的，不可替代的，你可以模仿促销方式甚至部分装修式样，但作为拥有著作权的故事，你却不能模仿。“阿伦故事”酒吧的创始人张洪黔首先成立自己的网站，然后根据自己酒吧发生的真实故事，结合自身的经历写成美丽的酒吧故事，张贴在他的网站上，并集结成册：《永远不远》、《情迷翡冷翠》、《天黑请闭眼》等广为流传。

凭借故事的广泛传播，张洪黔很快开张了他的第一家加盟店——绵阳店。在加盟的时候，他只收取了 5000 元加盟费，并用这笔钱刊登了广告，一时间要求加盟的人纷至沓来，有 35 家省内酒吧成了张洪黔的加盟连锁店。

初期的广告招商后，张洪黔开始贩卖起“摘花的故事”，几乎每天都有人在看到网站和书籍上的故事后来寻求加盟。

由于资本对于利润的追逐，一件产品成为畅销产品后，竞争对手往往会很快模仿甚至超越你。而对于广大消费者而言，大多数产品都是相似的，即使有一定的差别，消费者也会考虑其中的性价比，从而最终使企业陷入无序的价格战之中。

企业的利润空间有限，又由于价值可比性，没有品牌忠诚度的顾客自然会在价值比较中转投竞争对手的怀抱。所以如果企业只提供产品、服务，就越来越难于满足顾客多样化、个性化的需求，更难获得顾客的忠诚。怎样脱离这一价格竞争的红海，进而进入附加价值较高且竞争对手较少的蓝海，是很多企业思考的问题。

情感是无法用金钱衡量的，只有在为客户创造价值的基础上，使用情感营销，在情感互动中为客户创造感动才可能有持久的价值。一方面情感可以在消费者心中烙下品牌烙印，另一方面，也降低了不同品牌之间的可比性，弱化了消费者的价格敏感度，同时也使竞争对手难以模仿。

通过一个个浪漫的酒吧故事，把酒吧消费者带入一个浪漫的童话世界，这样他们不再介意酒吧里昂贵的酒水，因为对于消费者来说，美梦永远都是无价的，这就是"阿伦故事"酒吧成功的秘诀。

第五节

圈子里的故事——亚文化群体营销

圈子，就是找到和自己类似的人，哪怕只在某一方面近似，这种近似都可以成为沟通的桥梁。

钱钟书说，中国人见面都有“攀亲”的习惯。攀亲就是“寻找相似”，寻找到了相似，两个人就踏进了一个圈子。两个人见面，先是攀老乡，一个是浙江，一个是江苏，那就是江浙的，江南才俊；如果不是，那么可以继续攀，在一所学校读过书，是师兄、师弟；在一个行业做过事情，是“前辈”、“晚辈”；喜欢同一个影星，那就同是“发烧友”……除了女人在穿衣打扮的时候不喜欢别人和自己雷同外，人们总是在互相寻找相似之处。

在中国人的社会生活中，“圈子”如影随形。大到企业、社会的圈子，小到单位里的小圈子，圈子则无处不在。

而每个人都是某个圈子里的人，没有圈子的生活似乎是难以想象的。而正因为有了这种“物以类聚，人以群分”的圈子现象，使得中国的消费者就分布在了不同的圈子里面，而之所以会成为圈子，也因为圈子里面的人具备某些同质性，或共同的爱好，或共同的利益，或共同的品味，或共同的目标。

“圈子”的概念非常宽泛，总而言之是具有共同的爱好、经历、理想、行为方式等情感特征的人群的总称。“80后”是个圈子，“车友会”是个圈子，以至于网络上出现的名目繁多的连接起来的“群儿”也是圈子，甚至某个明星的“粉丝”也是一个圈子，如“玉米”、“凉粉”、“飞艇”……圈子就是群体归属感，圈子就是认同，人们在圈子里寻找到了共同的价值观，因此在圈子中甚至吃什么零食，用什么化妆品都会相互感染和追随，这对于企业开展营销有着借鉴意义。

在美国，最有名的具有影响力的俱乐部是哈雷摩托车俱乐部。美国的摩托车可以走高速公路，可以选择任何一个车道，因为摩托车代表了美国的文化——自由、激情、英雄主义。一台上好的哈雷机车的发动机价格，比一台普通宝马的发动机价格还要高。美国每年摩托车的大赛选手，在华盛顿巡游的最后一站设在白宫，到达白宫的时候，总统要出来亲自接见他们。可见，“圈子”的力量非常强，它不仅仅代表一群人，而且是代表一种亚文化，产生一种凝聚力和文化力。

哈雷机车

企业要研究客户群，找到目标客户群体生存的各类圈子，就可以找到很好的信息传播和营销的渠道，利用圈子之间的人际互动来进行营销，甚至挖掘消费者的共同点，通过组建一个“消费者圈子”来建立一种和产品或品牌相关的共同价值观，挖掘和了解一个圈子里面人的喜好，从而更好地对产品和品牌的诉求点进行定位。这样，品牌就不仅仅是与某个消费者建立感情，而是与一个群体的消费者建立感情。

圈子意见对于圈子内外的消费者的影响力都是巨大的。比如搜房网上一些楼盘的业主对于楼盘的评论，几乎成为影响其他人购房决策的一个重要因素。而由此发展出来的各种社区网站专题论坛就成为圈子生态的重要组成部分。因此，可以看出，圈子的魅力是无穷的，圈子资源的可利用空间也是非常大的。

企业可以从以下方面来活用圈子营销：

1．支持和赞助圈子活动

对于企业而言，其目标消费群体所组成的圈子是有着重要价值的圈子，企业应该尽力支持和赞助这样的圈子所举行的各种活动，让品牌与圈子的情感紧密相连，这样有利于企业的品牌创造和信息传播。甚至有时这种聚会直接就能形成企业的产品消费，让企业在这种圈子活动中直接获利。如芝华士经常赞助各种大型夜场派对，给予一定的优惠产品，无疑，参加这些大型派对的青年男女是芝华士的主要消费群体，赞助这种圈子活动，既让目标消费群体体验产品、形成口味依赖和品牌好感，又直接实现了利润。

2．建立目标客户的“圈子”数据库

对于企业来说，不仅要学会利用各类群体自发建立的圈子开展营销活动，同时也可以组建自己的“客户圈子”，通过建立这种客户圈子来形成顾客或者潜在顾客的数据库，将顾客的基本特征、偏好、生日、购买产品及时间全都搜集起来，并进行动态的管理和精准的营销。比如化妆品企业、美容院在年末举行顾客答谢酒会，建立“爱美会”圈子，然后经常由企业组织讲座、郊游、午餐会等活动，将顾客资源收入囊中。企业一旦通过“圈子”建立了目标消费者的数据库，就可以针对圈子里面的顾客进行信息传播咨询，做精准营销。

3．围绕“圈子”，开发产品

每个圈子都会有自己的偶像，比如当周杰伦红遍大江南北的时候，全国的周杰伦的歌迷就会模仿、收藏、购买和周杰伦有关的产品。于是，德尔惠推出周杰伦亲自参与设计的篮球鞋，如“黄金甲”，使这些产品受到了周杰伦的 Fans 的高度关注。

4. "圈子"的"舆论领袖"作用

互联网上的论坛、BBS 都是特定圈子成员沟通联系的地方，他们在互联网上往往有"根据地"，而在这个消费过程中，由 AIDMA 变成了 AIDSA，即 Attention（引起注意）、Interest（产生兴趣）、Desire（引发欲望）、Search（搜集信息）和 Action（购买行为）。企业要充分注意圈子内部对产品的评价，有意识地与自己的产品相关的社区和论坛进行管理，这就是"舆论的软控制"。

5. 圈子内部的"偶像崇拜"效应

在每个特定的圈子内部都很容易形成"偶像崇拜"，一方面圈子本身可能是由于某一个偶像而形成的或者由某个"领袖型"人物所组织的，另外一方面圈子成员由于具有相同的心理背景和价值观，容易喜欢上同一的偶像。企业可以利用"偶像崇拜"效应来进行全资营销。上世纪 80 年代以前，嬉皮士对于哈雷摩托车的推动起了重要作用，让更多的人知道了哈雷；在哈雷几次濒临倒闭的时候，老 CEO 又成了它的形象代言人，骑着哈雷摩托车联络和古董世界各地的销售商；今天的哈雷车迷的圈子里不再是缺乏头脑的叛逆小子，他们更可能是律师、牙科医生、互联网工程师、广告公司的艺术总监、媒体记者，甚至是政府要员和明星大腕。他们一般都受过良好的教育，年龄在 30 ~ 40 岁之间，家庭年收入在 7 万美元以上，其中有 10% 的女性，不知不觉中哈雷车已向上流社会渗透。

哈雷公司在把产品向"上流社会"渗透的时候是下了工夫的，它们透彻了解那个时代人们崇尚成功人士的心态，于是，《福布斯》杂志已故的老板马科姆·福布斯在 20 世纪 80 年代初向商界精英宣传哈雷的过程中起到了关键作用，他玩哈雷车，多少会让更多的受众知道了哈雷也是一个时尚的、耐人寻味的东西。人或多或少都有附庸风雅的心态。

在当前的市场环境下，消费者往往都有自己的圈子归属。这些圈子充斥着互联网世界，以各种各样的名目存在于虚拟或现实的世界中。而研究圈子的特点，掌握圈子的数据，利用圈子资源，重视圈子营销，将成为企业营销的新型武器，也是赢得新时代消费者的重要法宝。

第五章

消费者对广告的感情决定广告效果

第一节 记忆打上情感烙印

通过深入的调查，我们发现虽然消费者多数对价格较敏感，但实际他们都有着很高的品牌忠诚度。而问题的关键是，他们的这种忠诚更趋向于价格忠诚，而不是情感忠诚，但恰恰情感忠诚才是建设品牌长期销售和利润的源泉。

如何实现消费者对于品牌的情感忠诚呢？我们所要做的就是通过情感营销在消费者的记忆中打上情感烙印。

情感营销的广告要求我们对消费者的世界具备全面和细致的了解，找到影响消费者情感的方法，从而放大品牌的信息，令消费者印象深刻。

◎品牌是动词，不是名词◎

忠诚的情感品牌是企业的巨大资产：强势的品牌通常都要求很高的价格，客户由于深信品牌而愿意付出较高的价钱；同时，品牌让品牌所有者在经济不景气或激烈的品牌竞争条件下，仍能够维持原有价位。

如果说品牌的作用是在消费者和客户头脑中创造信任，那么公司的责任就是令其产品和服务品牌化，以使消费者和客户产生信任。因此对于以树立优秀品牌为目的的企业来说，品牌应该是个动词，而不是名词。

为什么简单地插入一条童谣就会使广告深深地留在消费者的记忆之中呢？

澳大利亚的研究人员通过跟踪大量的广告发现，人们对广告的记忆

58%取决于广告喜好度，只有2%取决于广告长度。研究表明广告喜好影响广告注意力，具有让广告长久留在人们记忆之中的能力。

而使用一些歌谣是消费者喜闻乐见的元素，可以提高人们对于广告的喜好度。儿童、食品类的产品，由于各个品牌的产品差异度不高，人们的关注度也较低，广告中没有必要诉求以理性，而应该把诉求重点放在情感上，运用歌谣手法无疑会拉近产品与消费者的心理距离。

运用歌谣元素的手法，可使广告吸引消费者的注意力。歌谣一般会引起人们的美好回忆，这种传播所负载的情感越强烈，消费者付出的注意力也就越多，提高了受众对广告的兴趣度，从而达到品牌传播和销售促进的作用。

“敕勒川，
阴山下。
天似穹庐，
笼罩四野。
天苍苍，
野茫茫，
风吹草低见牛羊”

天高云淡，阴山巍峨，草原辽阔，风吹草动，牛羊成群……一幅令人心旷神怡的风景画似乎展现在我们面前。这是我国北魏时期敕勒族的一首民谣，为我们描绘了一望无际的内蒙古大草原的优美风光，千百年来脍炙人口。

当年伊利初创不久，我们洞悉到其独有的竞争优势，挖掘出了“来自大草原的绿色食品”这一独特卖点。

同时演绎了这一朗朗上口的广告：

“ 天苍苍、

野茫茫，

风吹草低见牛羊；

大草原、

乳飘香，

伊利奶粉美名扬。”

这篇广告正是借助歌谣与伊利产生相关的情感、联想和记忆来发挥作用，通过持续的刺激和引导注意力，来使消费者产生由广告引发的对于伊利乳品和美丽草原的自然联想，树立了其草原第一品牌的地位。

歌谣的使用还降低了广告中明显的商业促销元素，提高了广告的趣味性和文化色彩，降低受众的抗拒心理，减少广告的传播成本。我们都有过这种经历：在看电视剧时，如果中间突然插播一则广告，尤其是那种喊口号的恶俗广告，我们会很厌恶地立刻换台。而民谣在广告中的运用，则提高了广告的“可看性”，使得看广告成了一种文化按摩。

◎如何制作高记忆度的广告◎

综合世界各地的成功电视广告，我们可以发现以下的一些规律。

广告应该建筑在强大产品或服务基础上，能够为体验增加价值。

长时间的系列广告在各种媒体上应该保持风格统一。

市场营销组合，要与广告表现协调一致。

广告中要呈现出新鲜的、现代的视觉元素。

语气积极、乐观，提升消费者的情绪。

令消费者在品牌上折射出属于他们自我的一部分。

我们把这些广告规律应用到具体的广告制作实践之中，有效地提高了广告的受欢迎和记忆程度。

蒙牛在初创时期找到我们为其制作广告，这时的伊利已由当初的草原品牌转而诉求于“心灵的天然牧场”。虽然广告语的文学意境很出色，但限制了受众的范围。当身处都市的消费者已经渐渐淡忘草原形象的时候，我们抓住这个市场空隙，进行插位，主打回归自然的草原牌，填补伊利放弃的市场。

蒙牛——内蒙古的牛奶，蒙牛自出世就占据了奶源地带来的原产地优势。在广告制作上，我们使用了由我国著名歌唱家德德玛演唱的、被广为传唱的《美丽的草原我的家》的主旋律。歌中舒缓的序奏后由笛子带出悠扬的旋律，好像吹来阵阵草原沁人心脾凉爽的风，而后的二胡拉响了美丽草原的主题。正是这首歌曲让世界了解了蒙古民族风情，认识了大草原，简洁明快的歌词极具感染力。

我们保留原来的主旋律，将其贯穿于整个广告片中，歌词与旋律是整个广告的核心记忆点。

“美丽的草原我的家，
风吹草低遍地花。
彩蝶纷飞百鸟唱，
一湾碧水映晚霞，
骏马好似彩云朵，
蒙牛好似珍珠洒。
营养健康幸福路，
蒙牛奶香满天涯。
……

伴随着悠扬空旷的旋律，以自然而舒缓的镜头描绘出一幅如诗如画的场景。

场景与歌声的有机结合，在潜移默化中向消费者传达了“经典歌曲+优良环境+最佳产品”的完美意境，突出三者真实的关联性、可信性，使消费者无论从感性与理性方面都会自然认同。悠扬舒缓的旋律配以美丽自然、令人心醉神驰的场景转换，自然而然地营造出一种统一和谐的草原牧歌式的诗情画意，把蒙牛纯牛奶的感性诉求与功能诉求和谐自然地统一表达出来。

通过抢占消费者草原牛奶品牌的心智资源，有效地树立了蒙牛的品牌形象，为之后蒙牛火箭般的发展速度，奠定了坚实的基础。

如今在我们的电视里充斥着太多的诱惑和欲望，太多赤裸裸的商业广告让我们本能地对其产生排斥心理。而通过情感沟通来诉求，把原本商业化的广告情感化、娱乐化，可以使商业广告非商业化，从而吸引消费者的眼球，唤起他们的正面情感回应，对品牌产生好感，进而达到品牌传播和产品销售的作用。

第二节

情感控制着人对广告内容的接受程度

你知道世界上现在最受消费者追捧的是哪两个品牌吗？

奔驰？

劳斯莱斯？

微软？

……

事实上，国际上最受消费者追捧的品牌，是维珍（VIRGIN）和苹果（APPLE）。

民意测验显示，维珍品牌在英国男人最知名品牌中排名第一，维珍在英国的认知率达到96%，维珍老板布兰森，在BBC最近进行的一次民意调查中，被评为英国最有创意的人物。

苹果自从1998年史蒂夫·乔布斯重新掌管企业以后，就成为科技界的精神图腾，人们为苹果出品的一个个视觉盛宴所痴狂，最近新推出的苹果iPhone手机，还未正式上市就引得媒体铺天盖地的报道，为苹果做了大量的免费产品广告。甚至像NOKIA、摩托罗拉、索尼爱立信这样传统的手机生产企业也不得不重视手机市场杀出的这个新对手。

◎反叛的维珍◎

维珍创办于上世纪70年代，起初靠邮购唱片起家。维珍是Virgin（处女）的意思，麦当娜曾有一首歌《宛若处女》（Like a virgin）引起很大的争议，这个有些暧昧的词汇意味着一种人生态度：自由自在的生活方式、叛逆、开放、崇尚自由以及极度珍贵的浪漫。

维珍颠覆了传统的品牌销售模式，它并不像可口可乐卖饮料，柯达卖胶卷，丰田卖汽车……维珍卖什么？唱片、航空、铁路、电信、大卖场、婚纱、影院、金融服务、可乐……维珍的触角遍及了人们生活的方方面面。虽然它销售的产品让人无法一时说清，但是它的品牌形象却在消费者心目中一直清晰可见。对维珍的消费者而言，维珍提供的具体产品形式和服务内容并不重要，重要的是维珍品牌满足了自己对创新、价值、情趣、反传统和高品质的需求。

维珍集团的经营虽然天马行空，涵盖了生活的方方面面，但是所有产品和服务的目标客户群都锁定在年轻人群。它深刻洞悉年轻人群不循规蹈矩的、反叛的心理，赢得了他们的认同和信任，通过长期品牌累积和广告宣传，使他们成为维珍集团源源不断的财富源泉。

维珍品牌个性的建立是通过一系列的广告活动进行的诸如“一切为了上头版头条”就是他们的企业宣传理念。布兰森很重视广告公关，他创造了无数能够吸引全球眼光的事件营销活动，如：开着坦克在皇家马路上游行，在争议和风险中签约性爱手枪乐团，驾着热气球横渡大西洋，海湾战争期间派遣维珍集团的飞机紧急飞往伊拉克接送英国人质，几乎全裸地出现在纽约时代广场等。

维珍鲜明而独特的品牌个性为其品牌延伸提供了基础。当大多数消费者把维珍看成品质、价值、创新、娱乐、挑战的代名词时，他们能感觉到的维珍不仅仅是卖航空、CD 或者保险产品什么的，而是一种精神或者说是某种人文的象征。维珍品牌在战略上绝不将品牌等同于某一项具体的产品或服务，这样就不会限制它跨行业的延伸。

◎符号化的 iPod◎

我们的目光从英国转移到美国，再看看美国著名科技企业苹果公司。近年来苹果在计算机制造、音乐播放器以及移动电话领域都颇有建树，其在品牌建设方面也非常擅长使用情感营销的手段。

早年的苹果以生产电脑起家，后来险些遭到市场淘汰。转折点出现在2001年，苹果发明了一款可以播放数码音乐的白色方盒，其CEO史蒂夫·乔布斯命名为iPod。虽然苹果不是最早发明硬盘式MP3的企业，但并不妨碍其成为历史上最成功的数码音乐播放器。iPod一发布就在西方引发白色浪潮，挽救了一度濒临破产的苹果公司。在西方，这个白色小盒子不仅仅是一个音乐播放器，它代表的是一种生活态度，一种流行文化。iPod所具有的鲜明品牌个性，也确实通过营销的很多细节体现出来。

从理性角度来分析，iPod绝对不是一个完美的产品，甚至可以说存在不少产品缺陷，比如电池蓄电能力短、音质水平一般、产品操控性不够人性化等。

但这样一个“不合格产品”为什么能够在美国乃至欧洲掀起白色狂潮甚至救活了一度濒临破产的APPLE呢？

答案就是品牌的魔力。

而获得品牌魔力的关键在于苹果公司从原来的产品营销转变成品牌营销，把iPod品牌变成一种符号：创新而不为传统束缚，带有特立独行的气质。这与目标消费群体的价值观一致，使用户认为产品即是自己个人风格的一种代言。美国学者J. 波德里亚尔指出，现代社会的消费实际上已经超出实际需求的满足，变成了符号化的物品、符号化的服务中所蕴含的消费，而iPod就代表这种流行符号，戴着APPLE特有的白色耳机在西方被视为是潮流的象征。在这种品牌消费中，以往的理性消费被品牌崇拜般的感性消费所代替，消费者如同宗教信仰一般对苹果品牌顶礼膜拜，这也可以解释为什么iPod的性能并不出众，却可以创造如此出众的销售成绩的理由。

曾任苹果电脑公司先进技术部副总裁的唐·诺曼（Donald Norman）

认为“产品具有好的功能是重要的；产品让人易学会用也是重要的；但更重要的是，这个产品要能使人感到愉悦”。也就是说，在现代消费社会，可用性（usability）已经是天经地义的事情，是必须保障的。企业还必须追求更高层次的目标，即美观和情感层面的东西。通过在视觉层次上的美化，在情感层次给用户一种安抚，在用户和产品之间培养情感的纽带。

iPod的广告极具特色，让人印象深刻。高亮度的广告背景，配合卡通式的人物剪影，在电视广告中则配有激烈的摇滚乐，这让iPod可以脱颖而出。中国的年轻人一直生活在一个相对压抑个性的环境中，听老师的话，听家长的话，服从集体，做事不要出格。但是作为一个年轻人，谁不想通过张扬的个性来彰显自我的价值，谁不想让青春的热情通过某种渠道喷薄而出，谁不想通过不一样的表现吸引别人尤其是异性的关注进而获得社会的承认？APPLE很好地迎合了年轻人的想法，张扬的音乐、卡通化的造型以及简约的设计使得年轻人对iPod陷入痴迷状态。

◎广告诱使消费者产生情感依赖◎

一个成熟的市场环境里的竞争会加剧企业间的相互模仿。无节制地降低成本、恶性竞争成了企业间的游戏规则，而自身的创新潜力得不到发挥，管理者思想僵化。而消费者只能单纯在价格上进行比较，这样留给企业的机会和利润就会越来越少。而情感营销倡导超越常规的营销手段，打破原有的品牌理论，用一种“在品牌与顾客之间建立罗曼史”的奇特手段，创造出令消费者产生情感依赖的品牌，从而在市场竞争中占据有利位置。

在可口可乐和百事可乐之间，很少有人能品尝出它们之间的细微口感差异。但是如果你拿的是一瓶红色的可口可乐，很多人会觉得你已经老了，而如果你拿的是一瓶蓝色的百事可乐，那么你会感到自己是百事新一代，喝上一口百事可乐也会觉得自己年轻了许多。百事的广告策略定位于年轻人群，通过一系列的明星、体育和音乐宣传手段，灌输给消费者一个理念：百事是属于年轻人的可乐。凭借这一出色的广告诉求，百事逐年蚕食着可口可乐占据的市场份额。

在情感传播时代，品牌不仅仅是一个名字或者证明商品身份的一种方式，它还能给消费者在功能和心理上带来一系列附加价值，商品的包装、价格、颜色、品味、气味和形状都能体现出这种价值。产品质量不再是消费者所第一关注的，满足消费者的情感需求才是企业所应该真正做到的。诸如维珍、苹果这样的企业，它们的产品或是服务也许并不是最优秀的，但正是因为把情感注入品牌之中，就可以获得消费者的极大认同。

我们可以发现像苹果、维珍这样的新型创新型企业，大都是通过沟通性广告和公关来进行品牌传播的。这就需要企业深刻洞悉消费者需要，在广告中抓住消费者的心理弱点，使消费者产生精神依赖。

在现今商业社会，创造销量的不再是品质而是消费者的偏好。品质只是创造销量的最初标准，而消费者对于品牌的偏好才是真正通向成功的关键所在。想要让消费者对品牌产生独特好感，最好的办法就是同消费者进行情感交流。

第三节 情感是连接高度记忆与理解的纽带

“猫在钢琴上晕倒了”。

你能理解这句话的意思吗？看上去文法不通、毫无逻辑的一句话，却是台湾地区近来最流行的广告语。

这则广告语来自司迪麦口香糖的电视广告，由“新建筑正在倒塌”这个信息经过多人的传播后，竟变成了“猫在钢琴上晕倒了”的荒谬信息。

正因为这句话让人觉得不着边际，怪模怪样，所以才满足了当时年轻人的求新求异的心理需求，后来这句话竟然成了台湾的流行语，无论年轻人还是成年人，无论电视节目、街头巷尾到处都可以听到这句话。

◎情感诉求引发消费者共鸣◎

这支颇为无厘头的广告是司迪麦口香糖第一则广告，司迪麦口香糖也由于这句广告语，从当时默默无闻的小品牌一跃名声大噪，成功威胁到领导品牌箭牌口香糖。后来司迪麦延续这一广告风格，发布了一系列的电视广告，在当时的台湾社会形成了独特的司迪麦文化，被广为流传。比如“幻灭是成长的开始”、“我有话要说”、“嚼你千遍也不厌倦”，都成为当时台湾年轻人的口头禅。

司迪麦通过广告来表达年轻人对于世界的认识和自己的主张，当然会引起年轻人群的共鸣，他们会感到嚼着司迪麦口香糖就是对社会、家长的一种反叛和情感宣泄。这种对品牌的独特情感会融入其大脑的记忆之中，使其在作出购买决定时，自然选择同自己具有亲近感的品牌。

◎情感创新冲击消费者心智◎

在香港，移动通讯运营商SUNDAY的广告也同样让人叹为观止。

同司迪麦广告一样，SUNDAY的广告也是通过大胆出位的表现手法来达到品牌宣示的目的。比如一则SUNDAY的广告，满画面只见女人夸张的胸部，然后字幕出现“feels like：SUNDAY”；另一则广告则是一男子在香港立法局前站立，随即听到放屁的声音，之后字幕出现“feels like：SUNDAY”

……

这些广告在香港社会都引起了很大反响，很多人都不以为然，甚至有些反感。但正因为这样SUNDAY广告常成为观众茶余饭后的话题。部分广告业内人士更抨击SUNDAY广告的创作太顺手拈来，甚至说成哗众取宠。虽是这样，但SUNDAY广告已在不知不觉间被大众接受，尤其是年轻人群，他们觉得SUNDAY广告极具个性，富有娱乐性，令人印象深刻。

其实这种现象绝对不难理解，SUNDAY广告在创意及手法上极度大胆创新，与一般大众常见的广告相比，远远超出读者的广告认知范围，所以人们在第一次看到SUNDAY广告时，第一的反应是新奇有趣，极具视觉冲击力。除了创作概念大胆创新外，当同行纷纷以明星代言人抢攻市场时，SUNDAY则独树一帜，足以震撼消费者心灵。因为明星代言人可以做到提升产品的知名度，但很难突出品牌风格以及变化。

广告最基本的目标之一是让观众对广告中的品牌产生印象，并在头脑中形成记忆。决定消费者是否会购买一种品牌的很大一部分因素是记忆，且来自广告的这部分记忆处在那些可能进入大脑的全部记忆之中。产生记忆的手段之一就是通过情感沟通来达到，这种记忆可以是温馨的、浪漫的，当然也可以是震撼的、痛苦的。而当记忆被消费者的头脑留下时，与之相应的品牌就被打上情感标记。当消费者在超市柜台选择口香糖时，箭牌口香糖留给他们的印象只是清新口气，而司迪麦口香糖则代表的是新人类的反叛精神，无疑消费者不会只满足于最初的产品功效，他们需要心灵的慰藉。同样，移动通信运营商的服务大同小异，价格差别也不足以形成差距，而使用SUNDAY会给人一种卓尔不群的满足感。

◎情感沟通有助于提高记忆度◎

调查结果显示，在形形色色的广告中，有85%的广告根本没有人注意，真正能打动人的只有15%，而这15%的广告之所以能够打动消费者，被消费者记住的原因就是其含有成功的情感元素。所有广告不应该像八股文一样，美女、明星代言不能传达出产品的所有诉求，消费者的胃口不是巨无霸，容不下那么多枯燥无趣的广告，他们掌握着遥控器，他们有权PASS掉你的广告，而赢得他们芳心的关键就是与他们进行情感沟通。

情感不仅影响我们对广告无意识的反应，它还支持、影响并控制我们关于品牌、产品和服务的有意识的思维。司迪麦口香糖、SUNDAY以及苹果的广告对于消费者有着丰富的联想和过目不忘的吸引力，他们的广告看似令人费解，其实与现代社会的后现代化的审美趋势相吻合。现代商业社会日益激烈的竞争环境，加快了人们的生活节奏，现代人普遍会在情感世界里产生缺失感，而追求全新的生活理念和个性的生活态度，就成了很多现代人的选择。在反传统中追求开放、情趣、自由，创新中体味浪漫、享受价值就成为很多人的价值观。

◎情感沟通有助于引导消费者◎

消费者的需求是要受到启发才会显现的，广告就是要运用启发式的方法来引导消费者。那么如何启发呢？就是要通过情感沟通的方式。而现在电视、报纸上充斥着太多硬性广告，使得消费者自然在心理上产生抗拒，这样消费欲望便会随之夭折。而通过情感沟通的方式，可以使消费者忽略价格因素，通过购买商品来达到满足自己内心情感需求的目的。

美国著名心理学家马斯洛认为，包括食品、水以及其他方面的生理需要只是最初级的需要。所谓衣食足而知荣辱，虽然在最初的商业社会，类似的功能诉求会赢得消费者，但随着社会的发展，消费者的需求会不断提升，从简单的生理需要提升到更高的精神层面的需要。而能否满足消费者精神层面的需求，就成为广告能否成功的关键。

随着中国商业竞争进入品牌时代，对消费者来说，品牌从一开始就是信任和产品质量的代名词，演化为一种生活方式或一种观念的代表，品牌的广告甚至可以唤起人们的成就感。相信在未来的品牌战中，谁运用了情感营销这一利器，谁就能在商战中赢得最终胜利。

第四节
消费者喜爱广告，就会购买产品吗

2006年中国广告界迎来一件喜事，由国内一家广告公司制作的一则伊莱克斯吸尘器广告在国际知名的戛纳广告节上喜获铜奖。广告本身的创意非常有趣：一名男子因为遭遇挫折选择跳楼轻生，正当警方劝解失败，眼见他要坠下地面之际，一名家庭主妇用吸尘器把他从半空吸住，从而幸免于难。纵观整个广告片，所诉求的核心在于吸尘器超强的吸力，广告本身无论创意还是制作都非常优秀，令人忍俊不禁，单论这些可以说它代表当今中国广告业的最高水平。

但当我们在看完这则广告片，除了哈哈一笑外，还能留下什么？当我们走进家电卖场，看到海尔、美的、LG等品牌的吸尘器时，我们是否会因为广告的原因选择伊莱克斯？让我产生最大疑问的是，我第一次看到这则广告只是在戛纳广告节的获奖资料上，而之后在中国的各大电视媒体上从未看到过，而估计广大的中国消费者更是对这则广告闻所未闻、见所未见。这则广告既然这么优秀，为什么广告客户不大规模投放这则广告呢？为什么没有看到广告帮助伊莱克斯吸尘器的销量有任何明显提升呢？由此看出即便是广告客户自己，估计也不看好这支广告片有什么提升销售力的作用。也许这则广告片唯一的作用就是帮助广告公司去外国参赛拿奖，帮助创意人借此加薪跳槽。

◎广告的目的在于提高产品销量◎

广告能否帮助卖货的关键其实不在于广告本身是否有独特的创意吸引人，不在于广告中是否采用美女明星，而在于广告能否煽动起消费者的购买欲望，能否引起消费者的情感共鸣，能否触及消费者那难以接近的心灵深处。

日化巨头宝洁的广告无疑是一个极好的范例。宝洁的电视广告在诸如ONESHOW、D&AD、戛纳等国际广告比赛中很少能够拿到什么奖项，可是谁敢说宝洁的电视广告不成功呢？人们一看到海飞丝，就会想到“头屑去无踪”；看到佳洁士，就会想到“有效防止蛀牙”；看到玉兰油，就会想到“惊喜从肌肤开始”……宝洁的广告诉求早已深入到了每一个中国家庭成员的心中。

◎喜欢广告就容易接受产品◎

当然并不是说广告不应该做得让消费者喜欢，消费者对于广告的喜好度直接决定了广告效果。消费者喜欢一个广告，能够打破他们的心理防线，接受广告对于产品的推荐，并且在消费者的心中产生影响，为品牌记忆留下位置。

麦当劳的广告一向以制作精美、创意独特而闻名，其中有一则广告特别让人印象深刻：一个摇椅上的小婴孩一会儿哭一会儿笑，镜头一转，原来随着摇椅的上下起伏，窗外麦当劳的标志也时隐时现。原来婴孩笑的时候是因为看到麦当劳的标志，而哭的时候则是因为摇椅沉下看不到麦当劳标志的缘故。这则广告不仅在戛纳等广告节上屡获大奖，而且也获得了很好的市场反响，有效地把儿童、欢乐与麦当劳联系起来，完美地诠释了“欢乐尽在麦当劳”的品牌主张，提升了麦当劳的品牌形象。

业界有一个制作广告的3B原则，3B分别指的是BABY（儿童）、BEAUTY（美女）和BEAST（动物）。活泼的婴孩、宛如天仙的美女和可爱的动物，都最能博得消费者的怜爱和喜悦，提高消费者对于广告的接受程度。可以说3B原则的核心就是让消费者喜欢上广告。但是不要忘了运用3B原则的根本目的不在于取悦消费者，而在于煽动消费者的购买欲。娱乐只是其使用的一种手段罢了，而我们现在的一些广告人却只知挠消费者的胳肢窝，却不知怎样让消费者掏出口袋里的钱包。

广告记忆大多是无意的，而且多发生在它们短暂地吸引我们注意的过程中。同样，对这些记忆的回忆也是无意的，它发生在我们注意那些货架上展示品牌的时候。所以说广告所要做的就是，当消费者注意到某品牌时，他们会立刻联想到这个品牌的广告记忆内容。

从广告学角度分析，遥控器效应不知道会浪费掉广告主多少广告费。在这个由消费者掌握遥控器的信息爆炸时代里，观众的收视耐心不会超过3秒钟，“一见广告就换台”成了人们看电视的习惯。而情感营销戏剧性强，不仅给受众以深刻的印象，而且利于传播，即使经过较长的时间，仍能唤起人们的回忆。凡借艺术、音乐、文化、体育、环保或社会责任之名而从事的公益活动，由于它具有非商业性的特点，以及提升生活素质的功能，所以，较易受到大众传播媒体的重视而成就卓越的企业形象，亦可增强消费者的信心。

情感的力量会赋予任何一个品牌对顾客有更大的控制力，所以说当今激烈的商业竞争，早已从过去的产品竞争让渡为品牌竞争，而了解并满足人们的情感需求和情感渴望则成为品牌成功的关键所在。

第五节 恶俗广告无法撑起品牌的明天

如今的电视广告恶俗成风，厂商和电视媒体争相测试观众的心理承受底线，而且有趣的是，虽然观众对于恶俗广告怨声载道，可是在柜台前我们会惊奇地发现，那些被观众深恶痛绝的广告宣传的产品都正在热卖。

◎恶俗广告的效用原理◎

在广告策划界，流行着这样一句话："得奖的广告好看却不卖货，恶俗的广告恶心人却偏偏卖货！"为什么会出现这种情况呢？有很多广告人觉得是因为中国消费市场不规范，消费者心智不成熟，一些企业为了自身私利，使用非常规手段来诱骗消费者，所以恶俗广告才会有市场。虽然这种观点有一定的道理，但我认为其并没有触及问题的实质。

一部分恶俗广告之所以能够卖货，其原因是抓住了消费者心理，充分运用了心理暗示的巨大魔力；而部分得奖广告不卖货的原因则在于没有从消费者心理出发，只是广告人一味卖弄聪明，当然无法撬开消费者的钱包。

所以说广告卖不卖货关键不是在于广告的恶俗程度，而是在于其是否能够洞悉消费者潜在需求，抓住消费者的心理。比如百事、耐克的很多广告，创意上非常新异独特，制作也追求精益求精，而且它们都是戛纳、ONESHOW、D&AD 这些专业广告奖项的得奖大户，而它们也都对产品的销售起到巨大的推动作用。因为它们抓住了年轻人求新求异的心理，加之长期积累的品牌形象，能够卖货当然变得理所当然。优秀广告也可以不以创意见长，宝洁的广告就属于这种风格，其创意相对平实，但都抓住了消费者心理，比如以纪实手法拍摄，郭冬临出任代言人的汰渍洗衣粉电视广告，强调去头屑功能的海飞丝电视广告，这些主推功能诉求的广告虽然内容平实，但制作精良，为产品销售带来不小的推动作用。

很多人都有这种感受，每次看到脑白金的广告时就想吐，可一到送礼的时候，就不知道该送什么好，想来想去，脑海中就会跳出脑白金。不可否认，从产品销售力来看，脑白金是做得非常成功的。

首先，脑白金选中一个点，也就是送礼市场，然后，脑白金天天重复一个理念“送礼就送脑白金”，天天不断地给你这种心理暗示。“好女也怕恶男缠”，不知不觉我们大脑中的记忆细胞就逐渐被脑白金征服。

◎恶俗广告会产生品牌信任危机◎

以恶俗广告推动的产品销售在经历危机时更容易遭受致命打击。像曾经红极一时的秦池、三株都是依靠大量广告的堆积，但是建立在恶俗广告基础上的品牌，如无本之木、无源之水，经不起风雨的洗礼，无法度过品牌危机。而那些注意塑造自身企业品牌形象的外资企业，虽然也暴出过产品缺陷的危机，但并不影响人们对其品牌的忠诚和信任。

2005 年肯德基曾爆出苏丹红事件，如果换成其他公司也许早已一蹶不振，从此消亡。但肯德基运用危机公关手段，在电视上大量发布公司的形象广告，不仅没有影响企业的销售业绩，而且还树立了肯德基立足中国、融入生活、知错就改的品牌形象，顺利地化解了此次品牌危机。

◎良好的品牌形象才是企业长久盈利的利器◎

如果你出售的仅仅是一件商品，那是很难赚到钱的，真正的钱是要靠出售品牌来赚取的。优秀的企业从来都是依靠品牌来赚钱，而不是产品。

厦门有两家著名的家电企业厦华与夏新，二者虽在名字上很接近，但在手机销量上则有不小差距。夏新凭借时尚的定位和诉求，长期位居国产手机前列，而厦华由于没有鲜明的品牌形象，手机销售一直不甚理想。而这一情况在联想收购厦华手机后得到根本转变，虽然只是贴上联想的LOGO，而手机内核还是采用厦华的技术，但是其手机销量一路飙升，现在已经占据国产手机的头把交椅。这让我们看到了品牌在推动产品销售上的巨大力量。

不积跬步，无以至千里；不积细流，无以成江海。塑造优秀的品牌形象非旦夕之功，它要求每一个广告都对品牌形象的建立提供助推力。广告教父大卫·奥格威就认为每一个广告都是对品牌的长程投资，任何产品的品牌形象都可以依靠广告建立起来。

而恶俗广告则不仅无法撑起品牌的明天，甚至会对品牌本身构成伤害。很难想象诸如脑白金、哈药六厂之类的广告有朝一日不再出现在电视中，又有多少人还会记起它们，有多少人还会再去买这些产品呢？而一部优秀的广告即便多少年过去或是媒体投放量较少，人们也会津津乐道、乐此不疲地谈论它。

归根结底，中国恶俗广告之所以泛滥的原因是我们一些企业鼠目寸光，单纯追求短期产品销量的结果。中国经济的增长备受瞩目，但是假如战略方面没有从商品调整到品牌上，这一经济高增长也很难持续下去。世界上最富有国家的经济是建立在品牌之上，而非建立在商品之上的，这是已经被历史证明了的。未来属于品牌，而恶俗广告是无法撑起品牌形象这片天的。

第六章

企业与消费者的价值认同

第一节

良好的企业形象可以促进消费者对品牌的感情

强大的品牌是一个企业成功所必需的，它意味着更多赢利，获得更大的市场份额和实现更牢固的客户忠诚度，进入更多的新市场和新领域。可以说没有强大的品牌，企业就不能获得成功。但企业的品牌建设不是旦夕之功，想要建设强大的品牌，企业必须有强烈的品牌意识和长期的品牌积累过程。

◎声誉管理可以为企业带来巨大财富◎

企业之间的竞争经历了价格竞争、质量竞争和服务竞争，当今已开始进入一个新的阶段——声誉竞争。

声誉管理成为影响企业成功的重要指标。声誉，是指一个企业获得社会公众信任和赞美的程度，以及企业在社会公众中的美誉。声誉管理是对企业声誉的创建和维护，是指企业以正确决策为核心，通过声誉投资、交往等手段，从每个员工做起，建立和维持与社会公众的信任关系的一种现代管理方法。

品牌存在于消费者心目之中，良好企业形象的树立依赖于消费者对品牌的长期体验，所有关于品牌的信息、知识，所有有意或无意的接触，都是日积月累而成。企业通过有效的对外传播可以在消费者心目中建立健康的企业形象。

BP（英国石油公司）是世界上最大的石油企业之一，多年前它就认识到企业想要继续发展就需要丢掉能源寡头这一不光彩的名衔。

在西方社会，环保问题对于民众来说有如宗教狂热，而石油公司因为其消耗资源、污染环境的经营领域特性而常被妖魔化，被指缺乏社会责任感。尤其是近十几年来，全球气候变暖，都是由于二氧化碳的过度排放所致，石油企业更是被人们非议。对于BP石油这样的企业而言，如何才能转变民众对于石油公司的负面印象，确立对环保负责的品牌形象，赋予其品牌一种感动人心的力量，无疑变得十分迫切而必要。

2000年BP石油以前瞻性的战略眼光进行了一次清晰的品牌重塑。新的BP品牌基于一种信仰：BP的产品和服务是为了提高人们的生活质量，用直白凝练的话表达就是那句著名的BP广告语——不仅贡献石油。BP认识到它的责任是需要以尊重自然环境的方式生产，履行其保护环境的责任，以期成为一个更好的社会公民。

BP的广告

新白云机场篇：“我们让挖掘机停下，让5000棵树的生命延续。我们追求人与自然的和谐。”BP在铺设广州白云机场输油管线时，为降低工程对环境的影响，放弃了高效的机械开挖方式，因此挽救了5000棵树的生命。这是一个开始。BP 表明了他们“不仅贡献石油”。

这是 BP 石油众多企业形象广告的一篇，这些以“不仅贡献石油”为核心诉求的系列广告，向消费者阐释了企业与环境和谐共处的理念，树立了绿色环保、负责任的企业形象。当然 BP 不只是说说而已，其在环境、社会和公司治理等方面的表现可圈可点：发起中国中小学绿色教育行动，支持希望小学以及员工志愿者活动……公司行为是检验品牌所有承诺的唯一标准，而这些公益行动使 BP 在公众心目中树立了良好的形象。

良好的企业形象带动了 BP 的企业发展，2001 年之后 BP 发展迅猛，在世界 500 强企业的排名由 1995 年的第 31 位，上升为现在的第 4 位，在同中国的环境能源开发合作方面也取得很大进展。

◎精细化管理树立企业的良好形象◎

良好企业形象的树立要求关注每一个细节，既要把握所有可以与消费者沟通的环节，也要把握所有可能冲击品牌声誉的元素，即使是细枝末节，也可能对消费者的决策产生令人惊奇的影响。不洁净的柜台、卷边的地毯、没有经过良好培训的员工、脏乱的卫生间，所有这一切对品牌的伤害远胜于改善它们所支出的费用。

一旦进入情感营销的领域，品牌建立过程的每一个细节都同等重要。

品牌塑造必须以优质的产品质量和真诚的客户服务为基础，这需要全体员工的全程参与，要求全体员工必须有品牌管理意识，有意识地维护品牌形象，实施“全员品牌管理”。企业品牌要以企业员工的个人品牌意识为基础，企业的品牌很大程度上是由全体员工的“小品牌”有机集合而成的。现代企业要成就卓越品牌，其员工必须重视个人品牌的建设，因为企业员工是外界了解企业的“窗口”，员工的个人品牌直接影响到客户对企业品牌的评价和定位，只有良好的员工个人品牌形象才能传播良好的企业品牌形象。

而论及精细化管理，麦当劳可以说是个中代表。其为了确保每一个汉堡的鲜美可口，在细节上下足了功夫，精益求精简直到了近乎走火入魔的程度，甚至专门有一本的麦当劳管理手册，对产品和服务进行了严格的规定：

面包的直径均为17厘米，因为这个尺寸入口最美；

面包中的气泡全部为0.5厘米，因为这种尺寸味道最佳；

对牛肉食品的品质检查有40多项内容，从不懈怠；

肉饼的成分很有讲究，必须由83%的肩肉与17%的五花肉混制而成；

牛肉饼重量在45克时其边际效益达到最大值；

汉堡从制作到出炉时间严格控制在5秒钟；

一个汉堡净重1.8盎司，其中洋葱的重量为0.25盎司；

汉堡出炉后超过10分钟，薯条炸好后超过7分钟，一律不准再卖给顾客；

汉堡饼面上若有人工手压的轻微痕迹，一律不准出售；

与汉堡一起卖出的可口可乐必须是4℃，因为这个温度最可口；

柜台高度为92厘米，因为这个高度绝大多数顾客付账取物时感觉最方便

……

在麦当劳，从原料供应到产品售出，任何行动都必须遵循严格统一的标准、规程、时间和方法，全球各地的顾客在世界的不同角落、不同时间，都能品尝到品质相同、鲜美可口的美式汉堡。可以说点点滴滴、精益求精的细节打造了麦当劳所向披靡的品牌力。麦当劳的精细管理也给我们以深刻的启示：细节成就品牌。

麦当劳严格的细节标准不仅体现在产品上的精益求精，也体现在对员工的严格要求上。“开心就在麦当劳”体现在每一个员工的笑脸上，体现在快速的点餐时间上，体现在干净整洁的用餐环境上。

老子说：“天下难事，必做于易；天下大事，必做于细。”换成现在一句流行语就是“细节决定成败”。其实，伟大往往源于细节的积累，品牌的塑造自然也是如此。

◎企业形象维护如履薄冰◎

塑造一个良好的品牌形象不是旦夕之功，要通过长时间的品牌积累才能完成，但是毁掉一个品牌只要一个失败的决策或危机事件就够了。

1993年，当世界最知名品牌之一的万宝路宣布大幅度降低香烟的价格以保持竞争力，此举震惊了整个营销界。这一举措是由美国市场上那些价格更低、知名度更低的竞争者大肆攻击而促成的。但降价并没有使万宝路在与其他香烟品牌的竞争中获得什么优势，此举后来被证明极其失败，它破坏了万宝路多年来苦心经营的牛仔形象，万宝路这个牛仔从马上跌落下来。

曾经的万宝路与成千上万的核心顾客建立了强大的感情纽带，它几十年来塑造的开拓西部的丰富形象——生机勃勃的牛仔，超越了单纯的产品关系，将品牌与强大、恒久的情感联系在一起，塑造了一个极其成功的情感品牌。万宝路花费几十亿美元在全球树立起万宝路牛仔形象，已成为美国坚强的个人主义与随心所欲的阳刚之气的代表。然而降价之后的万宝路却让人们越来越觉得这一美国的偶像品牌也只不过代表了“又一支香烟”。

万宝路败落的主要原因是其产品同市场上其他越来越多而个性模糊的竞争产品相比已经逐渐失去本质性差别。对于进入情感营销时代的市场来说，产品之间的质量差别已经微乎其微，消费者更关心的是品牌附带的情感体验。

品牌沟通的主体是消费者，消费者是企业财富的源泉。品牌沟通的中心一定要围绕消费者展开。当然，成功的品牌沟通不仅仅是直接与消费者沟通，所有影响消费者心智和行为的事物都是品牌沟通的范畴，通过外在的因素与消费者沟通往往会更有效。

春风化雨，润物无声。营销需要从小事做起，事事都需用情、用心。营销应该满足消费者内心的情感需求。没有情感因素的营销，算不上是成功的营销。

第二节
企业行为促进消费者对企业的认同

在情感营销时代，产品不过是一种顾客体验。产品与服务总是不断更新，而其品牌却是永恒不变。所以定义品牌的生命力应该是这些体验的总和，而非产品与服务本身。成功的企业应该对消费者动之以情：使企业超越与顾客间单纯的产品关系，这就是所谓的情感营销。情感营销强调消费者的参与性与接触性，强调引起消费者的情感共振，为消费者创造值得回忆的感受，塑造充分的感觉体验。

◎无所不在的品牌◎

美国未来学家阿尔文·托夫勒预言：

“服务经济的下一步是走向体验经济，人们会创造越来越多的跟体验有关的经济活动，商家将靠提供体验服务取胜。”

为此，企业必须清楚地掌握消费者的消费行为，更加关注消费者在购物过程中的全部体验，让消费者感觉到品牌的鲜活性、多样化，超越他们的预先设想。在品牌的有效经营领域，尽量扩大服务和产品范围，刺激消费者的感官，使得消费者产生品牌归属感，从而赢得消费者对于品牌的忠诚。

新经济企业谁最挣钱？

是卖电脑的戴尔？

还是卖软件的甲骨文？

又或是充当买卖中间商的 EBAY？

其实都不是。

无论是从销售额还是利润额来看，Google才是硅谷里最有效率的印钞机。2006年，Google的销售额达到106亿美元（增长率93.3%），净利润31亿美元（增长率32.8%）。在《商业周刊》最新公布的“2007美国50佳公司”中，Google再次独占鳌头。曾经风光无限的微软这次甚至都没有入榜，难怪连微软的CEO鲍尔默都曾经公开表示羡慕Google的超常规发展。

除了传统的网页、图片、新闻搜索之外，Google的触角伸及邮箱、博客、桌面搜索、输入法、浏览器工具条、地图搜索等多个领域。在中国，2007年Google与新浪、中国移动合作，进一步拓展其服务领域。在全球范围内，Google日益成为一个日常用品，几近达到“Google天天见”的水平。

在这里，Google与其说是一个媒体平台，不如说是一个分析消费者和吸引消费者的平台，而这恰恰能给广告商带来直接的商业价值。习惯是最大的惰性，沉浸在Google世界中的消费者对其会产生很强的依赖性。而通过兼并或合作，Google不断扩大着它的客户资源，在新经济时代，客户资源已经成为企业最大的商业资产，谁掌握了最多的客户资源，就意味着谁在竞争中处于优势地位。无处不在的品牌就意味着无坚不摧的商业力量。

当然，品牌的无处不在并不意味着采取过火的、令人不愉快的宣传方式，比如一些恶俗广告重复不间断地播出，这种行为会为品牌带来不可估量的负面效应。这种方式不仅会使消费者不舒服，而且也浪费了企业的广告费。作为企业应该尊重消费者的时间和智力，所以品牌的无处不在是建立在对品牌形象产生潜在积极影响的基础上的。

◎情感就是生产力◎

中国混乱的足球职业联赛充斥着假球、黑哨、赌球，以致联赛上座率很低，谈起中国足球更是下至幼童上至耄耋人人颇有微词。不止中国足球联赛，近两年英超、意甲也频频爆出丑闻。但与之形成鲜明对比的是，美国篮球职业联盟 NBA 却以健康的联赛形象，近几年迅速吸引到全世界的目光，成为有名的体育聚宝盆，这一辉煌成就与 NBA 成熟完整的营销模式是密不可分的。NBA 总裁大卫·斯特恩不止一次说过，NBA 是一场生意，其成功的原因不在于篮球本身，而在于成熟的运营模式、经营理念、市场推广和国际化进程，即便 NBA 不再是篮球联赛，它同样也可以获得成功。

作为世界上最成功的体育联赛，其十分注意自身的品牌形象塑造。NBA 的那句著名广告语 I love this game（我爱这游戏），体现了 NBA 追求健康、娱乐的品牌形象。当 2004 年发生奥本山宫殿体育馆斗殴事件时，NBA 高层不像中国足协对球场暴力那样采取息事宁人态度，而是对参与斗殴的球员进行了严厉的处罚。随后还制定了球员着装、比赛零忍耐等一系列规则来规范球员的言行，这一系列举措把因斗殴事件流失的观众重新拉了回来。

为了吸引更多的观众，NBA 在推广上不遗余力，其中一个重要的手段就是吸引国际球员的加入。这样不仅可以丰富 NBA 打法上的风格特点，更主要的是能够带来球员所在国观众的大量关注。随着诸如姚明、诺维斯基、基里延科等国际球员的加入，越来越多的观众被吸引到电视机前为那些自己国家的球员呐喊助威，而 NBA 也顺利地打开了中国、德国、俄罗斯等国家的市场，获得了巨大的商业利益。

此外 NBA 还在中国等外国市场定期举办篮球大篷车、篮球训练营、派出 NBA 球星与球迷互动的方式拉近与目标市场观众的情感距离。

姚明就曾说过 NBA 是一部非常严谨的机器，环环相扣，特别是 NBA 的市场营销策略。这正是包括中国在内的其他各国体育联赛所欠缺的。根据泛亚市场资讯的一项调查显示，如今在中国 15 至 24 岁的男性中75%是NBA球迷，在20至29岁的人士中，NBA是他们最爱看的电视转播的体育联赛之一，全国有超过31400多万观众收看NBA节目。

◎情感引导消费者◎

情感营销的宝贵之处就在于它不是将商品概念强加给消费者，而是通过引导消费者去思考、去行动，从中体会到个性的自由和过程的快乐，进而接受该品牌。

情感营销包含感官、情感、思考行动等层面。情感营销诉求的是要求自我改进的个人渴望，让人和一个较广泛的社会系统产生关联从而建立个人对某种品牌的偏好，同时让使用该品牌的人们形成一个群体，进而建立强有力的品牌关系和品牌社区。

NIKE的街头篮球挑战赛就是一种通过大众体育活动形式达到品牌认知目的的情感营销尝试。在挑战赛中，通过让更多的人行动起来，参与其中，NIKE加强了与大众的沟通，塑造了一个很有感染力的体验NIKE的情境，让拍着篮球玩三对三斗牛游戏的青少年们相信他们就是酷炫的NIKE一族。

不久前NIKE举办了一次名为“2007京城篮球少爷”的街头篮球挑战赛，虽然只是局限在北京地区，但是它的品牌效应却已覆盖到整个中国热爱篮球运动的青少年人群。在挑战赛前夕，NIKE做了大量的公关活动准备，特意为挑战赛制作的具有北京地方风格的R&B说唱歌曲，极具震撼力的街头海报，甚至还专门推出了特别设计的纪念版球鞋。这些极受青少年追捧的时尚元素的加入，把这场篮球挑战赛演变得与其说是一场街头篮球球技的较量，不如说是NIKE篮球爱好者欢庆的PARTY。

所有参赛队伍穿戴着五颜六色印有NIKE标志的肥大运动服、鞋子，创造着NIKE独有的时尚氛围。另外还有NIKE的签约球星们前来助威，表演绝活，给人们签名，与大家聊天，体现着比赛的嘉年华本质。在热烈的比赛中，NIKE 让人们感受到 NIKE“JUST DO IT”的品牌精神，NIKE 的品牌形象在潜移默化间传达到了顾客的心灵深处，也让这些街头少年充满了对 NIKE 品牌的归属感。

在充分的品牌互动中产生了比传统的和单向传播的宣传媒介更好的品牌传播效果。NIKE 品牌创意的成功之道就是在于确立了品牌的核心价值和使命之后，无论在世界任何一个地方进行推广，都始终如一地去表现其品牌的核心，传达了品牌准确的市场定位。同时，根据各国不同的文化背景、目标市场和消费特性，形成风格各异的创意推广，从而使目标消费者成为品牌崇拜者。

情感营销时代，引导消费者做梦是作为成功企业的崇高使命。要让消费者屁股下面的自行车骑起来像奔驰宝马一样舒畅；让孩子们穿上 NIKE 鞋就能像乔丹一样在天上乱飞，让业主住在北京的公寓里却做着一个欧洲的贵族梦。成功的企业销售的从来都不是产品，而是梦想。从某种意义上说，当今地产商们卖的不是房子，也不仅是概念，而是一个个关于财富、权力、地位的梦想，业主们倾其所有买到的是一个好梦，钢筋水泥仅是外在的形式。企业以营销手段制造的这个梦会使消费者进入催眠状态，丧失对于价格的敏感，成为企业营销攻势下的木偶，这就是情感营销的魔力。

第二节 良好的企业理念推动消费者的认知

品牌是客户对一个产品或服务的感觉集合，或多或少，这些感觉可能受到市场营销的影响。但是，品牌内核却是每一个个体客户和品牌之间一对一的关系，而关系则是相当私密的东西。企业的理念就是品牌内核的一部分，一个具有情感共鸣的企业理念可以拉近与消费者的距离，提高企业在市场竞争中的优势地位。

◎外部传递企业理念◎

如同其他关系一样，个体客户与品牌之间关系的深度，即它们互相之间的亲和程度，是因人而异的。情感忠诚度就是衡量一个个体客户对品牌的情感距离有多大，这种感觉的衡量应该成为企业最重要指标之一。

随着现代社会对健康问题的关注，西方快餐被认为是垃圾食品而越来越遭到现代人的抵制。作为西方快餐业代表之一的肯德基，当然希望通过采取一系列措施来扭转洋快餐就是垃圾食品的固有形象。在经历苏丹红事件后，肯德基开始全力倡导“为中国而改变，全力打造新快餐”的理念，推出更符合中国人传统口味的所谓“新快餐”。

肯德基从餐饮业的核心——产品开始颠覆，虽然其主打产品仍是以鸡肉为主的食品，但肯德基已致力于研发适合中国人口味的新产品。该公司相继在中国推出“芙蓉鲜蔬汤”、“寒稻香蘑饭”、“京味鸡肉卷”、“川香辣子鸡”、西域风味的“孜然扒翅”以及“枸杞南瓜早餐粥”等中式快餐，现平均每月推出两款新品。在2005年，肯德基已经把薯条撤出了其套餐产品行列，全国连锁餐厅都推出全新的“蔬果搭配餐”，取代原有的汉堡＋薯条＋可乐的模式。新套餐中包括玉米沙拉、九珍果汁，并搭配具有中国特色的主食产品。

在进行产品颠覆的同时，肯德基还通过一系列新形象广告和公关宣传向消费者灌输肯德基的新理念。肯德基在本土化进程中无疑比另一个快餐巨头麦当劳来得更加彻底，甚至令人忘记了肯德基大叔本来的国籍。借助肯德基来到中国20周年的契机，其制作了一系列的形象广告。在其中一篇广告中，一个贫困大学生在得到肯德基的资助后，学业得以继续，而在肯德基快餐店打工的她，也把这份爱心不断传递给每个人。广告基调令人温暖，有效传递了肯德基服务中国20年的核心诉求，成功塑造了一个全心全意为中国人民服务的跨国企业形象。

除了大量的广告投入，肯德基还进行了一系列成功的公关活动。通过组建健康咨询委员会，发布《健康白皮书》的形式，希望揭去垃圾食品的负面标签，从侧面让中国人坚信产品创新的初衷就是为了中国人的健康。此外肯德基还积极投身公益事业，用于帮助聋哑和贫困失学儿童以及贫困大学生，通过一系列的公益活动，树立了一个良好的企业形象；而通过调整产品结构，有效地拉近了与消费者的心理距离，这也使得其在之后经历的一系列品牌危机中得以安然度过。

作为一个著名的西方快餐连锁企业，却始终坚持“立足中国，融入生活”的策略。正是由于能够充分把握市场，进行产品的本土化，百胜集团才获得中国第一大餐饮连锁企业的辉煌成就。

◎内部贯彻企业理念◎

蓝色巨人IBM曾在20世纪90年代早期陷入困境，连续三年亏损180亿美元。IBM被消费者视为傲慢自大、与时代脱节，与其他电脑品牌相比，IBM这只大笨象显得老态龙钟、谨小慎微。而进入21世纪，随着电脑的普及和电脑厂商的大幅增加，电脑硬件利润急剧缩水，IBM为了摆脱困境而被迫进行企业的产业转型。

首先IBM的CEO郭士纳把IBM的广告代理权统一于一家广告公司，避免了以前多家创意公司各自为政，将统一的品牌形象弄得四分五裂。而后统一规划改进了IBM的企业形象识别系统，剔除了过去陈旧的视觉元素，加入了具有时代感的视觉因子。另外，最关键的是在这个时候IBM重新提出了它的品牌理念——四海一家的解决之道。IBM把其企业定位由一个电脑硬件的制造商，转变成为企业商务软件的提供者和服务商。这是基于IBM品牌优势的理念，因为IBM企业规模庞大，提供的产品和服务足够支持其地球村的理念，这一方面让消费者重新认识到其和蔼可亲、魅力十足的一面，另一方面也让IBM的内部员工重新有了品牌归属感和方向感，回归到一个品牌、一种声音上，令IBM在机会无限的电子商务世界中成为开先河者，令全世界客户继续钟情于IBM。

IBM深知五指握紧才能形成拳头的道理，逐渐缩小其PC事业部在整个集团的所占份额，最后毅然把其笔记本电脑事业部出售给联想集团，全力发展利润较高的IT服务产业。IBM重新以清晰、连贯、鲜明、贴切的品牌形象，回到了市场之中，不仅提升了产品与服务的价值，其产品价格上也达到最高点。如今当戴尔、惠普等电脑硬件制造商利润不断下滑，而IBM由于成功转型使得其得以继续保持辉煌的商业成就。

企业行为如同人品，而企业的人品正是品牌最本质的企业使命，离开这条，品牌将会成为虚无缥缈的海市蜃楼。蒙牛从诞生之初就把自己定位为西北最大的造饭碗机器，而非赚钱的机器。通过支持航天事业、免费送奶等公益行动，有效地树立了蒙牛回报社会的公益企业形象，从而赢得消费者的芳心。

◎ 案例

“蒙牛”，从助推航天到全国捐奶
——情感营销赢得公众对企业理念的认同

感人心者，莫先乎情。

所谓情感营销，是指通过心理的沟通和情感的交流，赢得消费者的信赖和偏爱，进而促进产品销售的一种营销方式；或是通过创造情感产品并利用情感化的促销手段进行交换来满足消费者物质和情感需要的一种社会过程。

消费者在进行购物消费时实际上既是理性的又是感性的。一般说来，顾客在消费时经常会进行理性的选择，但也会掺杂感情的成分。企业不仅要从顾客理性的角度去开展营销活动，也要考虑消费者情感需要，注重与顾客之间的沟通，发掘他们内心的渴望，站在顾客体验的角度去审视自己的产品和服务，同时还要注重研究消费者在购买、消费全过程中的体验，从而展开营销活动。

情感营销以引起消费者的共鸣为目标，在当今竞争激烈的市场上，仅仅商品或者服务本身已经不足以吸引一个新的市场，甚至不足以维持一个既有市场或者既有客户。正是各个品牌产品在情感方面的内容差异才造成了消费者最终选择与他们所支付的价格之间的关键性差别。一个品牌正是借由情感的交流走进人们的生活，与人们缔结出更深层次的、持久的联系。

1999 年起步的蒙牛，8 年之内就将销售额从零做到了 200 多亿元，投资回报超过了 5000%。难怪有人说它是一头牛，却跑出了火箭的速度。在大多数人眼中蒙牛是一个投资奇迹。

其实蒙牛最擅长的投资是投资于消费者的心智和感情。

在2003年神舟5号上天前一年，蒙牛就敏锐地抓住了这个巨大的商业机会，于是就有了后来“中国航天员专用牛奶”的经典营销案例，借助中国载人航天成功这一轰动事件，蒙牛迅速提升了它的品牌形象和知名度。载人航天成功振奋了全国人民，也让蒙牛成为值得骄傲的民族品牌。通过一系列成功的营销手段，蒙牛在2003年一举实现销售收入40.71亿元，成为中国乳业的翘楚。

全心支持航天事业

2003年蒙牛赞助支持中国航天事业，成为“中国航天员专用牛奶”，无论是在蒙牛的品牌建设史上还是在中国的营销史上，这次借势航天的营销策略都写下了浓墨重彩的一笔。

中国航天员专用产品并非只有蒙牛一家，飞亚达、农夫山泉、中国人寿、长城润滑油……大家一窝蜂地都想搭上航天飞船，但今天人们依然能够清晰记住的中国航天员专用产品的首推蒙牛。同样的契机，同样的事件，有的却是不同的运用，取得的效果也不同。蒙牛取得成功的关键在于把握住了情感营销的精髓，占据了消费者的心智。

中国正在经历民族的伟大复兴，作为复兴重要体现的航天事业，凝结了无数中国人的热切期盼和民族自豪感，为此蒙牛人精确把握住了情感营销的落点：蒙牛的中国航天情结，中国航天员的蒙牛情结，使蒙牛与航天员食品建立了有效而自然的联系。

“蒙牛的中国航天情结，中国航天员的蒙牛情结”的自然联结，一方面给蒙牛注入了新的民族个性——爱国、公益和责任感，同时向消费者传达了蒙牛产品质量的信赖程度之高的品牌信息，用航天食品的严格标准来证明蒙牛产品的健康和营养，从而有力地推动终端销售。

众所周知，航天工业对于品质要求近乎苛刻，专门的食谱规定就达8页之多，航天赞助计划对于蒙牛一方面是个千载难逢的契机，另一方面也是一个极大的挑战，对蒙牛乳制品的考察“从市场到工厂，从工厂到牧场，最后从牧场回到现场”。最后获准成为航天员专用牛奶就是对蒙牛乳制品品质的最大肯定，而这一称号也成为消费者选择蒙牛牛奶的品质保证。

如果说赞助中国航天成为指定产品使蒙牛一飞冲天，那么相应的销售通路，促销与广告配合则使蒙牛安全落地。在各大中型城市的牛奶卖场，蒙牛做到货到、人到、广告到。印有“中国航天员专用牛奶”标志的蒙牛产品全新登场，出现在全国各大超市、卖场中，配合着身穿宇航服的人物模型和其他各种醒目的航天宣传品，引起了消费者对“航天员专用牛奶”的浓厚兴趣。现场促销工具的设计围绕“中国航天员专用牛奶”的产品和品牌特性，与媒体广告形成立体配合，共同促进销售和品牌形象的提升，使影视广告、平面广告和消费者口碑、现场促销形成一个传播层级。

对北京、上海、广州、深圳、福州的消费者实际调查表明：“蒙牛：中国航天员专用牛奶”整个市场活动在比较短的时间内取得了良好的广告效果；电视、户外、报纸广告成为消费者了解蒙牛信息的主要渠道；对提升蒙牛的整体品牌形象有相当大的促进作用。2003年，中国市场虽然遭受了非典的重创，但蒙牛仍然创造了40.71亿元的营销奇迹。

爱心回报社会

2006年4月，温家宝总理在重庆考察时深情地说：

“我有一个梦想，让每个中国人，首先是孩子，每人每天都能喝上一斤奶。”

蒙牛又敏锐地捕捉到这一市场机会，率先响应总理的号召，发起牛奶的“国家运动”，提出“每天一斤奶，强壮中国人”的口号，在全国范围内进行了有史以来最大的一次捐奶助学工程。2006年6月7日蒙牛公司联合中国奶业协会等七家单位共同启动了“每天一斤奶，强壮中国人”为全国500所小学送奶大型公益活动，同时启动了覆盖全国的普及饮奶公益宣传计划。

仅仅六个月，这支普及国人饮奶的送奶队伍就已经走过了祖国的大江南北，从首都北京到内蒙古大草原，从白山黑水到黄浦江畔，全国已有近20个省的300所小学的孩子在该项行动中受益，每天都能免费喝到一包优质的蒙牛牛奶。

民族复兴、国家兴旺离不开人民强健的体魄。在推广过程中，蒙牛一系列的送奶行动同其一贯的品牌信息“强壮中国人”紧密结合，由此树立起一个具有民族内涵的大品牌形象。

蒙牛的送奶工程体现了对中华民族的热爱和对社会的责任，蒙牛主持的送奶工程得到了包括文艺界、体育界等社会各界人士的鼓励和支持，为“每天一斤奶，强壮中国人”的公益活动铺设了一条持续升温的发展道路，而通过各种媒体的广泛支持，也向消费者宣扬了蒙牛支持国家公益事业的企业形象。蒙牛在送奶公益行动的同时，也在电视、报纸等传统权威媒体中大量投入广告进行企业的公益形象宣传。

可以说送奶是宣言书，是宣传队，是播种机，送奶工程使蒙牛具有“超越一般感觉的感性产品”的特性，从而使蒙牛的品牌更增加了魅力，提升了蒙牛品牌的知名度，升华了蒙牛品牌的美誉度。这是由消费者主观感觉产生的并与人们的消费态度相一致的。

随着市场竞争的进一步加剧，企业之间的产品同质化现象日趋严重，而真正能够形成对手无法模仿的竞争优势只有企业的品牌形象及其所蕴含的品牌文化。可以说，只有消费者接受了企业文化，才能从根本上接受你的品牌。而一旦形成品牌优势，则无疑有助于构造他人难以撼动的市场竞争优势。

品牌如果取得消费者的信任，这便是无价之宝。而如果品牌进一步能够赢得消费者的好感，那么它在市场竞争中就会无坚不摧。不管企业多么强大，也不管产品多么优质，真正抓住消费者的心才是关键。品牌战就是攻心战，赢得消费者的心，品牌就能在市场竞争中赢得胜利。

第七章

如何进行情感营销

怎样才能与消费者成为朋友，俘获消费者的芳心？

如何能够打造魅力产品，塑造情感品牌？

这就要求企业所进行的情感营销系统工程，包括情感策略、情感产品、情感广告表现、情感沟通、情感媒介和情感终端表现等。

第一节
情感策略

在科学技术高速发展、产品竞争日趋激烈、营销手段高度同质化的今天，用情感创造差异化成为避免品牌定位模糊，实现品牌核心价值，塑造品牌个性的杀手锏，也是市场营销手段中最有效的“温柔一刀”。

你的品牌在消费者心中代表着什么？

你的品牌在整体形象上体现了什么？

你的品牌与其他品牌的差别是什么？

你的品牌与消费者相连的纽带是什么？

……

答案是情感。

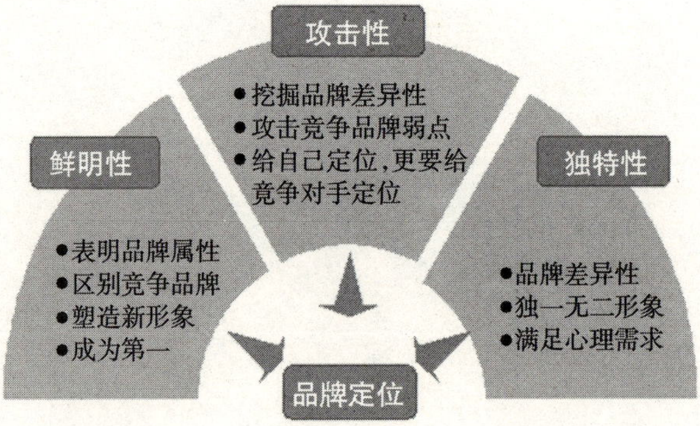

品牌定位原则

品牌定位要严格遵循鲜明性、攻击性和独特性三大原则，在产品同质化、营销同质化、竞争同质化的情况下，只有进行情感营销，通过情感定位来确立差异化，才能区隔对手，形成竞争优势，赢得消费者的青睐。

情感的角度找好了，就相当于向消费者抛媚眼、送秋波，总是能够迅速地闯入消费者的心田。

◎Debeers 用情感制造稀缺◎

在各种关于对中国消费者最具影响力的广告评选中，戴比尔斯公司的“钻石恒久远，一颗永流传”的广告语榜上有名。这句广告语的英文版本是“A Diamond is Forever.”。自 1953 年 Debeers 推出以来，该广告语就一直沿用至今，而自从 1993 年传入中国，其中文翻译更是被奉为经典，一举改变了中国婚庆活动中崇尚黄金的习俗。

事实上，地球上的钻石矿藏储备并不少，足够每一个新娘带上一个 1 克拉以上的钻戒，之所以钻石产品如此稀缺、如此珍贵、如此高价，这正是 Debeers 的情感策略。

钻石的坚硬不变质的特征正好和人们对于爱情的向往和忠贞不渝不谋而合，于是 Debeers 将 钻石饰品定位为“忠贞爱情的象征”。既然是忠贞爱情的象征，既然是可以“传家”的信物，那它的价值一定非常之高，因此它一定是稀缺的，是珍贵的。所以，Debeers 在钻石需求不景气的时候，并没有采取降价策略，而是采取了情感策略。他们一方面利用对钻石矿藏的控制垄断权来削减 90% 的钻石产量，另外一方面致力于用情感来塑造钻石的品牌形象，用“爱情信物”来定位钻石。

永恒篇：

一对男女走进教堂，静听牧师的祷告，男女互相交换戴比尔斯（Debeers），夫妻二人幸福美满地生活，很快有了可爱的儿子。

20 多年后，他们已经长大成人的儿子去见华丽风韵的女友，手举 Debeers，得意地说：“这是当年我父亲送给我母亲的！”

漂亮女孩注视 Debeers 钻石良久，男孩非常惊讶，也注视了女孩良久，女孩终于说话了：“不与我带来的一样吗?”说罢，自己也拿出了Debeers。

Debeers的广告宣传

两个Debeers相撞，七彩光芒淡化出两人，出现Debeers的LOGO。音效字幕：戴比尔斯，真情的见证。

多年来，Debeers公司不说钻石有多么稀缺，不说钻石有多么坚硬，不说钻石有多么华贵，不说钻石有多么珍贵，只说钻石能够见证真情，只说钻石可以流传，只说钻石与婚礼有关。

如今，Debeers公司在中国的调查显示，上海有三分之一的结婚戒指用钻石镶制，选购率比法、德等欧洲市场还要高；北京新婚戒指对钻石的选购率是24%，广州则是15%。钻石已经成为了婚礼上定情的必备品。这时候，有几个新娘在接受昂贵的钻石戒指、嘴里说着“我愿意”的时候能想到温情脉脉、柔情蜜意的钻石背后竟然是Debeers的“情感制造稀缺”的垄断策略呢?

◎动感地带，用情感赋予价值◎

美国著名创造学家爱德华·德·博诺说：

“感觉价值是所有价值中最重要的，因为它是价值的主要驱动因素。”

中国移动动感地带就是用情感策略赋予了品牌一种价值，这种价值不是狭义地产生溢价，而是切实让消费者在品牌中寻找到自身的情感归属，为品牌赋予了核心情感价值。

“我的地盘，听我的”是中国移动 M－ZONE 的广告，这是一个体现生活态度的广告。动感地带是针对时尚年轻人的一款通信产品，它除了简单的通信功能外，还设计了很多年轻人喜欢的新奇、好玩的附加产品，像彩铃、彩信、GPRS 网络、游戏等，而它的广告“我的地盘，听我的”将年轻人那种张扬的个性显露无遗，因此很快就获得了年轻人的普遍喜爱，成为年轻人的通信自治区。

创意源于生活，要做出好创意首先要研究目标消费者的心理，尤其是情感需求，然后将产品或品牌跟情感联系起来。M－ZONE 代表了一种时尚、张扬的生活态度——广告故事中周杰伦在演唱会现场接到了网友短信“我在听周杰伦演唱会”，现场停掉唱歌，回复短信：“我正在唱他的歌”——这样的情景符合年轻消费者的情感需求，他们渴望成功并快乐着，他们憧憬奇迹的出现，他们说一切都是有机会的。

好的创意所表达的情感一定要符合目标消费者的情感需求，广告中表现的人生态度也一定要符合目标消费者的价值观，这样才能为品牌的核心价值加分。

◎苹果，用情感让品牌宗教化◎

2007 年 6 月 29 日，在这个被众多苹果粉丝称为“iDay”的日子，苹果首部手机 iPhone 正式在美国市场销售。狂热的苹果粉丝为了买到最新上市的 iPhone 手机，不惜排三天三夜的长队，这股排队热情也只有中国的春运能够与之相比了。

小小一部手机，为何引起如此之大的波澜？原因只有简单的两个字：苹果。有了苹果的背景，就等于有了魔力，有了市场。苹果品牌已经不仅仅意味着产品、设计、生活，而成为一种宗教。

在苹果总裁乔布斯看来，情感经济将代替产品经济，世界将进入情感经济时代。在新经济时代，与消费者产生情感共鸣、制造让顾客难忘的体验才是至关重要的。苹果崇尚 Macintosh 精神，其核心是一种鼓励创新、勇于冒险的价值观，这也是乔布斯精神的延伸。

艺术和科技完美嫁接起来，成为“苹果教”，消费者的掏腰包热情将被立刻点燃。世界上成千上万乔布斯的拥趸们，狂热地崇拜着他们的教主和有关苹果的一切东西。苹果已经在消费电子的神庙内拥有了一席之地，乔布斯更是在苹果迷的眼中就是万能上帝的化身。连产品发布的形式都像是在举行某种仪式，让人天然地在紧张中翘首企盼。

乔布斯成功地把 iPod 品牌变成一种符号：创新而不为传统束缚，带有特立独行的气质。这与目标消费群体的价值观一致，使用户认为产品即是自己个人风格的一种代言。美国学者 J·波德里亚尔指出，现代社会的消费实际上已经超出实际需求的满足，变成了符号化的物品、符号化的服务中所蕴含的消费。而 iPod 就代表这种流行符号，戴着 APPLE 特有的白色耳机在西方被视为是潮流的象征。在这种品牌消费中，以往的理性消费被品牌崇拜般的感性消费所代替，消费者如同宗教信仰一般对苹果品牌进行符号崇拜。

乔布斯：让苹果上升为一种宗教

第二节 情感产品

为什么美女容易俘获人们的眼球？因为漂亮。

产品亦然。漂亮的产品，漂亮的包装，漂亮的名字会让消费者喜欢甚至爱不释手。

◎狗年，狗来福成就 Swatch 中国风◎

为了更好地融入中国，斯沃琪自进入中国以来，不断在自己新产品的设计理念中融入中华民族的情感元素。2006 年，斯沃琪就针对中国生肖中的狗年特别设计了一款“狗来福”。

新年对于中国人而言是一年中最重要的节日，Swatch 就以特殊的方式为中国人进行庆祝，首次推出以“生肖”为主题的特别款，迎接“狗年”的到来。斯沃琪方表示，其未来会在每年都以“生肖”为主题，设计一款独具中国特色的新年特别表。

这款狗来福手表，除了生肖外更挖掘了大量的中国元素，作为自己的设计灵魂，并且每个元素都代表着独特的含义。整款设计以红色为基调，红色在中国的新年庆祝中具有特别意义，它象征着财富、繁荣、来年红火。中国人喜欢在春节穿红衣服、送红礼包。此外红色塑料表带上还绘有各种彩色图案和符号，用来诠释中国文化的各个方面。鲜花代表自然气息，斯沃琪将荷花嵌入其中，并在风格独特的荷花上印上“元宵节”；蝶代表着蜕变，自由，斯沃琪在蝴蝶上面加上象征幸福、财富、长寿的字样；而独特的阴阳符号则象征着男人和女人……

任何全球性知名品牌一定是民族元素与全球元素完美融合的产物，

任何一家全球性企业也一定是民族情感和世界文化完美融合的产物。斯沃琪多年来一直致力于将自己的产品打造成“俊男靓女”，这是全世界消费者有目共睹的。现在，它在中国还要为俊男靓女穿上中国民族服装，以增添其民族魅力和亲切力。

Swatch 的“狗来福”

◎Tiffany，蓝色包装盒让你万分荣耀◎

在纽约，如果有谁收到了一个名为 TiffanyBlueBox 的礼盒都将感到万分荣耀。因为这个礼盒出多少钱他都不会卖，他只会随 Tiffany 礼品送给购买者。女士们手中的 TiffanyBlueBox 翠蓝色礼盒及购物袋，会令人联想到优雅、高贵的特质，以及一直以来赋予 TIFFANY 设计无限灵感的大自然的丰富宝藏。

Tiffany 这个品牌本身就意味着身份和地位。TiffanyBlueBox 蓝色礼盒代表 TIFFANY 公司重视品质的传统，世世代代为人称颂。无论是盒子还是盒子里面内置的精品都可谓精致无比。TIFFANY 公司有一项严格规定：除非礼盒内有一件 Tiffany 礼品，否则绝对不能让附有店名的礼盒给带到街上去。正因为如此，现在，不仅 Tiffany 首饰是女士门所追求的最佳奢华礼物，连 TiffanyBlueBox 都成为她们值得炫耀之物。

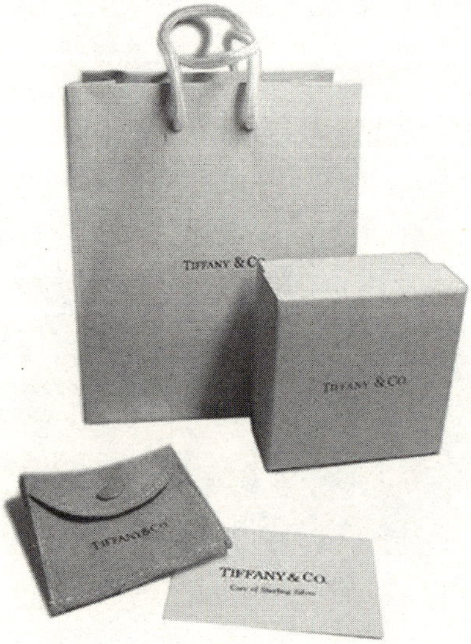

TiffanyBlueBox 蓝色礼盒

◎魅力，从芳名开始◎

1. 命名的故事

老板们在为自己的品牌命名时都十分慎重，就像为自己的儿女取名字一样，非常在意名字的内涵和寓意。

2. 以原料之名——Coca - Cola

1886 年，美国亚特兰大市的药剂师约翰·潘伯顿无意中创造了一种充满神奇味道的饮料，它们是从一种植物的叶子和果中提炼出来的浓缩液。潘伯顿的记账员富兰克·罗宾逊很善于玩弄文字，尤其是头韵法，他建议用“Coca - Cola”命名，在广告中，名字用流畅的斯宾塞字体书写，如今 Coca - Cola 早已闻名于世。

3. 以山峰之名——MONT BLANC 、阿尔卑斯、黄山

以文具为主线产品的著名品牌万宝龙，其英文名为 Mont Blanc，即阿尔卑斯山的最高峰勃朗峰。夜晚的阿尔卑斯山总是闪耀着寒冽而圣洁的光辉，笔帽处的六角白星——代表着勃朗峰上纯洁无瑕的白雪，它也是完美品质的象征。Mont Blanc 在中文里被译成万宝龙，很符合当前中国人求富求贵的心态。

万宝龙文具

此外，充满欧式浪漫风情的“阿尔卑斯糖果”、“一品黄山，天高云淡”的黄山烟草也是“以山为名”的品牌典范。

4. 以“水”之名——左岸咖啡

在法国，塞纳河的左岸有这么一家承载着 200 多年欧洲文化和人文气息的咖啡馆：左岸咖啡。巴黎人喝咖啡，品尝物质以外的愉悦，也变成一种时尚的流行。这样的流行让喝咖啡成了时髦事，也暗示着人们想从咖啡里寻找心头的缺口，从咖啡里找到精神与自我的满足。

至此，全世界的咖啡都没有巴黎的咖啡时尚，全巴黎的咖啡都不如“左岸咖啡”有艺术气息。塞纳河左岸的咖啡，因为有了毕加索和达·芬奇的加入而充满气质。

在中国“西湖龙井”也是因水而得名，西湖的悦人美景、江南的和风细雨、史上的人文故事共同为龙井茶抹上了江南小资文人的味道。

以水为名的还有著名药妆品牌 Vichy。Vichy 是法国南部的一个小镇，以阿尔卑斯山冰雪融化的温泉水而闻名，将温泉水瓶装后卖到世界各地也受到了爱美女士们的广泛欢迎。

5. 翻译的故事

有人说中国人是世界上最聪明的人，很多洋品牌进入中国都被我们翻译得恰到好处。翻译得舒服，就像挠了一个千年奇痒。

6. 以感受为名——可口可乐

如果说Coca-Cola的英文名称已经是品牌命名的典范的话，那么其中文名称“可口可乐”更是传神之作，一直被认为是广告界翻译得最好的品牌名，因为它不但保持了英文的音译，还比英文更有寓意。

可口可乐四个字生动地暗示出了产品给消费者带来的感受——好喝、清爽、快乐——可口亦可乐，可乐逐渐成为品类的代名词和行业标准。据说，Pepsi在进入中国时也被迫翻译成“百事可乐”，而不是“百事”。

“可口可乐”的诞生，还有一段鲜为人知的故事。

上世纪20年代，可口可乐已在上海生产，一开始翻译成了一个非常奇怪的中文名字，叫“蝌蝌啃蜡”，被接受状况可想而知。于是可口可乐专门负责海外业务的出口公司，公开登报悬赏350英镑征求译名。当时身在英国的一位上海教授蒋彝，便以“可口可乐”四个字击败其他所有对手，拿走了奖金。

现在看来，可口可乐真是捡了个大便宜，350英镑的成本换来今天在中国数十亿元的销售额。

7. 以特点为名——护舒宝

美国宝洁公司的妇女卫生用品“护舒宝”，其英文品牌名称“whisper”意思是：低声地说，私下说，悄悄话；中文品牌名称“护舒宝”更是非常地贴合产品的特点。中文和英文的发音也很优美，音调基本一致，这是一个非常优秀的成功的商品命名。能如此讲究和重视品牌名称的企业，其产品本身肯定值得尊重和信赖。

8. **以联想为名——奔驰**

Benz 汽车开始翻译成了“笨死”，香港又叫“平治”，直到找到“奔驰”这个贴切的译名，才开始在中国大地奔驰如飞；BMW 翻译成宝马堪称经典之作，至于被叫成“别摸我”，如同把 CBD 解释成中国北京大北窑的简称（CHINA BEIJING DABEIYAO）肯定让创始人不高兴。

Johnson&Johnson 在台湾被翻译成“娇生”，在大陆则被翻译成“强生”，真是不同的消费文化造成迥异的营销思路。当然，无论“娇生”还是“强生”，各有千秋，没有优劣。但另外一个品牌“Head &shoulders”在大陆被翻译成“海飞丝”则要比台湾的叫法“海伦仙度丝”要传神得多。

9. **以古诗为名——露华浓**

Revlon 被翻译成“露华浓”，是品牌名称翻译的一个神来之笔。“露华浓”出自李白的《清平调》：“云想衣裳花想容，春风拂槛露华浓。若非群玉山头见，会向瑶台月下逢。”诗句形容的是杨贵妃之美无人能比，对于一个化妆品品牌而言，这个名字既能体现产品属性，又有好的品牌联想，还有文化内涵。

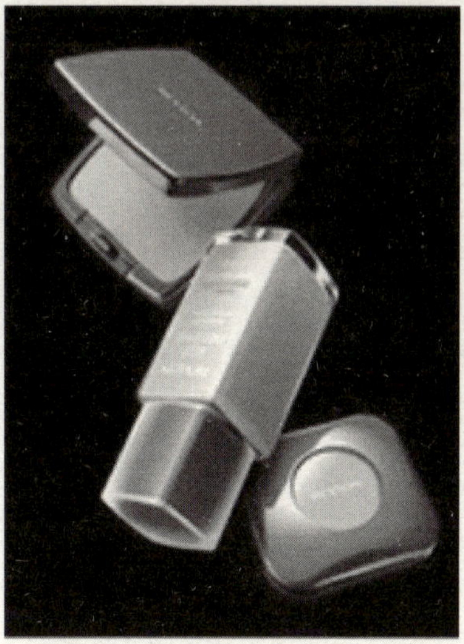

Revlon 化妆品

曾见到一个服装店叫做“花想容”，想必也是想沾《清平调》的光。

10. **以情调为名——席梦思**

提起 Simone’s 可能有人不知道，但如果说“席梦思”，恐怕无人不知。如此美妙的名字让人的睡眠变成了一种奢侈的享受，它赛过了安眠药、薰衣草、热牛奶、数绵羊等一切催眠的方法，仅仅一个名字，就能给消费者以无限的睡眠联想。有席、有梦、有思，夜晚还有何求？

品牌的世界里，好的名字数不胜数。当然，品牌命名的技巧有很多。无论是凭空命名还是翻译命名，不能忽视的原则是：简单、易记、好传播，有好的品牌联想。一个好的名字可能影响人的一生，一个好的品牌名也在一定程度上注定了这个品牌的成败。尤其对于奢侈品而言，品牌的名称尤其重要。因为“奢侈”的真正定义并不是高价、稀缺，而是心灵相通，而是要让消费者在商品上寻找到一种物化的自我。品牌名称中应该能解读出商品的特点个性，解读品牌文化和企业文化，洋溢个性，耐人寻味，给消费者留下美好的、难以磨灭的印象。

世界已进入“形象决定成败”的时代，名正言才会顺。规划一个屹立百年的品牌，一个好名字是成功的第一步。一个理想的品牌名字，一定是经过大海捞针般的搜寻、字斟句酌地思辨、千锤百炼地提升、锲而不舍地追求才得来的。正所谓“吟得一个字，捻断数根须。二字十年得，一吟双泪流”，产品的魅力，就是这样从“芳名”开始的。

第三节
情感广告表现

美国广告设计师罗宾斯基说：

“情感是广告主流的真理。”

我们说：

“情感是广告的灵魂。”

如果广告不能与消费者产生情感共鸣，那么无论是刺激销量还是品牌建设，都将是昙花一现。

情感广告的创意元素有两大类，一类是人类的四大情感，包括爱情、亲情、友情和对家国民族的大爱；另一类是人生价值观。

广告创意者要善于挖掘这些商品或企业蕴涵的内在感情，有选择有意识地加以强化，使消费者产生认同心理，要将情感元素与商品、品牌联系起来，并且能让消费者看到广告的时候产生一种情感共鸣。

◎情感沟通：爱他，就要让他知道◎

美国贝尔公司有这样一则经典的亲情广告：

一天傍晚，一对老夫妇正在进餐，此时电话铃声响起。

老太太去另一间房接电话，回到餐桌后，老先生问他：“是谁来的电话？”

老太太回答：“是女儿打来的。”

老先生又问：“有什么事吗？”

老太太说：“没有。”

老先生惊讶地问："没事？几千里地打来电话？"

老太太哽咽道："她说她爱我们！"

两位老人相对无言，热泪盈眶。

这时，旁白道出："用电话传递你的爱吧——贝尔电话！"

广告只是一个很平常的生活场景，女儿给父母打电话，妙就妙在她向她父母传达了一种情感——她爱她的父母。一般我们都是有事情才会打电话，所以老先生才会惊讶女儿没事打什么电话，等到老太太告诉他之后，他们都被这种深深的爱感动着，他们自己又何尝不爱女儿呢？只是从来没有想到过这样表达出来，所以贝尔电话告诉我们用电话来传递爱。整个广告给人的感觉就是很安宁、很和谐的一个生活场景，却带给人关于爱的澎湃思潮。

这个广告，替消费者把平时最羞于出口的话说了出来，这样一进行情感沟通，对"儿女"和"父母"都会有所触动：儿女羞愧于自己与父母交流过少；父母们理解了儿女是爱自己的，一个广告使得全美长途电话通话量激增。

◎情感共鸣：心灵深处细小的涟漪◎

一对恩爱的夫妻执手走过七年风雨，有一晚临睡前，妻子问丈夫："我们会不会一起死去，就像我们在同一时间结婚？"

看着妻子迷茫的目光，丈夫搂紧了妻子，含着笑深情地说："你要先去天堂好好等着我，这样，你就不会看到死去的我了。"

妻子闻言，搂紧丈夫，泪流满面……

这是英国宝诚人寿企业形象广告"诚心诚意，从听开始"篇。

"在天愿为比翼鸟，在地愿为连理枝"。

夫妻间至死不渝的爱情感人至深。同样是一个很平常的生活场景，夫妻间很平常的对话，跟企业形象结合起来，就能使人们对企业产生好感，使人们在情感上产生共鸣。

这种情感诉求，没有激烈的大喜大悲，不会让消费者翻江倒海，而只是在心湖上荡起几个细小的涟漪。虽然小，却很深；虽然不激烈，却价值连城。

◎情感向往：人人都想做万人迷◎

夏进枸杞养生奶作为一种高端牛奶制品，独有的“DPM 双蛋白”可以更好地维持人体正常的新陈代谢和各类物质在体内的输送，增强人体免疫力，保持人体内的酸碱平衡及水分的分布，对人体健康非常有益。

作为一种倡导现代健康生活方式的产品，夏进聘请了当红影星“万人迷”陈好作为品牌代言人。陈好健康靓丽的形象与产品的特性完美地结合到了一起，容易给消费者留下“喝了枸杞奶，就成万人迷”的美妙联想。

陈好成名于电视剧《粉红女郎》，在其中扮演万人迷角色，而“全家好”的目标消费群体一般是那些追求高尚生活方式、具有高收入和高学历的人士，尤其深得很多关爱家人、注重健康生活的广大女性消费者的青睐。从这个角度上来说，陈好这个代言人的选择与消费者内心对“万人迷”生活方式的向往相契合。“喝了枸杞奶，就成万人迷”的广告联想更是一下子搔动了消费者心目中最痒之处。

情感，是广告表现中最不可或缺的元素。无论是宝马电视广告“婴儿车”表现宝马的驾乘乐趣，还是“绝对伏特加”那一幅幅精彩绝伦的平面设计；无论是“中兴百货”一篇篇富有严重小资情调的文案，还是喜临门床垫一句“美丽是睡出来的”的经典广告语……这些都是广告表现中情感元素的极致运用。

第四节
情感媒介

是谁？在见到带下划线的文字就忍不住用鼠标去点一下；

是谁？在半夜1点起床上厕所却顺便还要上WWW去畅游几个小时到天明；

是谁？为了免费上网，情愿在大学里多混上好几年；

是谁？在手臂刺青，而且告诉朋友们，这个文身最好用IE6.0来观赏。

有人说这是新人类，是一群定居在网中网的网虫，是一群用手指交流的人。

有人说web 2.0彻底改变了媒介的格局，在这个时代每个人都成了真正意义上的信息制造者、传播者和接受者。

也有人预言，博客媒体将成为今后的第六大媒体。

◎新媒介“博”起◎

2005年兴起的博客现在早已不仅仅是个人网络日记，其已经成为一种特殊形式的媒介载体。根据中国互联网络信息中心（CNNIC）发布的《2006年中国博客调查报告》，2006年，网民注册的博客空间达到3300万个，超过60%的用户希望通过博客“表达自己的观点”，而只有17.8%的用户表示“不希望太多的人看自己的博客”。据艾瑞调查公司调查数据显示，64%的博客用户在知道有人关注时会产生坚持下去的动力。

“博客”（Blog或Weblog）一词源于“Weblog（网络日志）”的缩

写，是一种十分简易的个人信息发布方式。不仅可以利用其超文本链接、网络互动、动态更新的特点精选并链接全球互联网中最有价值的信息、知识与资源，还可以将我们个人工作过程、生活故事、思想历程、闪现的灵感等及时记录和发布，通过网络进行深度交流沟通。

博客的出现，标志互联网从 Web1.0 向 Web2.0 时代迈进。伴随着博客用户的大幅度增长，巨大的商业之机也随之凸显，带来了营销方式的革命。

Web1.0 时代的典型广告方式就是挂广告条、开新窗口、装插件等种种被广大网民深恶痛绝的方式。这些带有流氓软件性质的广告方式一方面很容易引起受众的反感，另一方面也容易被网络浏览器所拦截，可以说其并没有跳出传统广告的模式。

而进入 Web2.0 时代，信息的传播由原来的单向转变为发布者与接收者的双向互动传播，这种转变一方面提高了信息发布者的针对性，另一方面也提高了接收者的反馈性。在 Web2.0 时代，所有的信息渠道都是个性化的，每个人都拥有属于自己的发言权。

博客营销就是利用博客这种网络应用形式开展的网络营销活动。博客具有知识性、自主性、共享性等基本特征，正是博客的这些特性，决定了博客营销是一种基于个人知识资源的网络信息传递形式。博客的出现使得企业的广告宣传可以做到更加注重互动性、人性化，节省大量的传统广告费用开销，也拉近消费者与企业的距离。

微软董事长比尔·盖茨就曾指出，博客是继 e-mail、BBS、实时信息（如 MSN Messenger）之后，第四个改变世界的网络杀手级应用。在注意力稀缺的今天，博得广大用户的眼球便成为企业眼中最为宝贵的财富，因此只要企业能够在博客的舞台上扬长避短，充分发掘博客的应用价值，便能使企业的广告宣传事半功倍。

相对于传统营销方式，博客营销有以下几大优势：

◎准确性◎

那些访问企业博客的网民，往往是产品的忠实消费者，这些人一方面是企业希望维系关系的高附加值顾客，另一方面在信息传播的过程中，其还充当着意见领袖的作用，通过消费者中互相传递的良好口碑，企业会捕获大量潜在消费者。如今的时代，顾客是企业最宝贵的商业资产，通过博客，顾客与企业之间这种公开、平等的对话，促使形成顾客的社区。这一社区不是大众的，而是小众精准的。长此以往，这批忠诚的顾客会是企业产品，品牌网络口碑的传播者，也将是公司坚定的拥护者，甚至是形象代言人。另外，企业博客的公开、平等和互动特性，也让它成为企业获得顾客反馈信息、进行市场调查的一个渠道，方便企业建立关于消费者的数据库。

◎高传播性◎

除了准确性的特点以外，博客还具有高传播性的特点。由于博客内容增加了搜索引擎可见性和博客本身的链接，从而为其带来访问量，在博客上的信息有如病毒一般可以得到迅速的传播。2006 年，一个美国网民发帖，讲述了一件怪事：Bic 圆珠笔能够轻而易举地撬开到处都在使用的 Kryptonite 牌 U 型锁。两天后，很多博客转载了他的视频短片。七天后，关注 Kryptonite 的人达到史无前例的 180 万，并引起传统媒体的注意。迫于压力，Kryptonite 公司免费发送了 10 万多把新锁，以更换出现问题的锁。Kryptonite 公司为此遭受了 1000 万美元的损失。

◎廉价性◎

博客的建立是完全免费的，而博客本身可以部分替代广告投入，可以在一定程度上发挥广告的作用，节省广告费开支。企业并不需要在博客文章中大肆做广告，其博客文章就可以被搜索引擎收录。博客营销的廉价性还体现在节省保持用户的费用。在市场营销学中有一个著名的规律：获得一个新顾客的成本要远高于维持一个老顾客的成本。在受众保持方面，也是同样的道理：只有不断更新信息才能获得用户的长期关注，不至于失去已经获得的用户，这也是博客对保持现有客户、间接降低获得客户成本的贡献之一。

在中国，博客方兴未艾，老徐（徐静蕾）的博客在广大网友的助威声中，其新浪博客竟然冲破一亿流量大关，成为中国人气最旺的明星博客，也成为新浪博客的王牌代言人。一亿的受众点击量，如果转换成传统的电视媒体或平面媒体这个数字所付出的广告代价无疑是个天文数字，而通过博客形式，徐静蕾不需要一分钱的推广费就可以达到了这样惊人的数字，这就是博客的魔力。

徐静蕾到底有什么魔法，能够让全国人民发了疯似的在她的博客抢沙发？我认为原因有三：一是人气，身为四大花旦之一的徐静蕾，在国内拥有庞大数量的粉丝团，他们中的大部分也成为徐静蕾博客最初的支持者和传播者；二是勤奋，博客就是自己的自留地，如今老徐博客的枝繁叶茂离不开其几乎每天一帖的高强度劳动，而其与网友的互动沟通更是拉近了与粉丝的距离；三是深度，在博客这个虚拟社区中，高关注度不仅是由于博主本身的社会人气，更关键是博客本身的信息量。一个博客必须要成为一个信息源，要表达博主的思想，对问题有自己独到的见解。博客也是一个产品，如果有了高质量的信息和思想，自然就会形成忠诚的顾客来关心你的博客，也会去传播你的博客。徐博客火爆完全是因为她贯彻了“三贴近”原则，贴近生活，贴近粉丝，贴近正常人，这才是她受到广大网民追捧爱戴的根本原因。

建设这块自留地有两大原则：第一是要有开放的心态，“博客，博客，来的都是客”，一个博客就像客厅一样，要欢迎所有的人来做客，待人以诚，这样才能受到越来越多人的欢迎；第二是要提高自己的素质，“自己有一桶水，才能给别人一碗水”，因此博主要有高于他人的思想和观点，才能让他人在浏览博客中获得收益。

一亿庞大的受众点击量，是每个企业梦寐以求的数字，而这个数字背后却不需要传播者花费任何传播费用，对于企业无疑具有巨大的诱惑力。在多媒体复合作用的今天，博客是互动营销最好的方式，它本身就具有媒体性，可以传播，同时又可以实现交流。传播和交流是博客的两大功能，也是博客营销得以实现的基础。可以预见不远的将来，通过博客形式进行营销将是企业的重要方式。

2007年2月，我们与新浪合作，为德尔惠策划一次主题为“ON THE WAY”的网络征文大赛，其主要就是通过博客的方式进行传播和沟通。这次比赛的获胜者可以由周杰伦亲自颁奖，而获奖的歌词甚至可以收录进周杰伦的最新专辑，正是借助明星的高人气和博客特有的互动性，虽然活动时间只有短短一个多月，却在广大网友中取得巨大的反响，点击量达到100万次，接收稿件1500余篇的良好效果。通过博客营销，德尔惠将品牌理念与征文活动紧密结合，加之配合传统媒体投放的广告，不仅有效树立了德尔惠在消费者中青春时尚的品牌形象，而且与消费者建立了良好的沟通关系，掳获了消费者的心。

毋庸置疑，Web2.0已挟风雷之势横扫互联网，并由网上延伸到现实生活，以至于《时代》周刊将每个使用互联网的网民推选为2006年度影响力最大的人。

◎耐克网上推广终端战略◎

随着网络的发展，利用网络实现营销终端作为一项重要的策略，将为越来越多的企业所采用。

耐克的名字和商标已经享誉全世界，现在它们想向网络用户宣传开设在全加拿大的“运动员世界”中的耐克迷你店。为了达到这个目的，这位运动服装界的巨人利用互联网的互动性和图形功能制作了旗帜广告和一个网站，并迅速投入使用。

网站的目标受众是十几岁的青少年和稍微年长一些的青年顾客。设立网站的目的是建立知名度并传达产品信息，有四个不同版本的广告在今年夏天轮流投放各 5 个星期。其中一个版本以赢取 500 元耐克购物券为吸引力，并直接链接到网站上；其他几个版本截取运动员训练的一个片断并配上一句广告语“永远没有太早/太强/太多 ”，这句话与网站的网址交替出现在广告上。

为了吸引年轻的访问者，网站使用了各种设计元素如挖苦式的导语、嬉皮音乐、游戏式的表现方法和多彩的形象等。耐克公司在安大略 Vaughan 分部的广告经理 Josie Seguin 说：“我们试图使我们的网站充满互动性和乐趣，并以刺激的方式传达我们的信息。”

网站的导入页面在强劲的电子音乐中不断出现几个最终印入大脑的句子，如 耐克针对青年群体突出嬉皮而积极的态度：“很疼，好，一定是起作用了”和“我的短裤还在洗手池里……赤着身子去”就是这样两个例子。

进入网站的访问者会受到鼓励，通过把运动员们的“泡泡”照片进行拼接来得到产品的详细信息。访问者还可以操纵鼠标在“quick - time 虚拟现实部分”从各种角度观看产品或进行商店定位。网上竞赛和反馈问卷还提供了赢取 500 元耐克代金券的机会。

进入新营销时代，企业应该转变原有单向的填鸭式广告轰炸策略，这种方式不仅会消耗大量的广告费用，而且也不易评估广告效果，难以侦测传播人群。而随着互联网网民和博客群数量的不断壮大，以及全球整合营销传播的兴起，博客作为新兴媒体背后蕴藏着惊人的商业机会也会不断凸显，其作为未来企业强心剂的药效必将得到进一步展现，而“博”起也会成为未来企业营销方式的必然趋势。

第五节 情感终端

你的终端如何设置？

你的产品如何陈列？

你的 POP 如何安置？

你的促销员如何促销？她该说什么，怎么说。

广告再好、品牌再硬，还是要过终端这一关，终端是产品、品牌和企业与消费者接触最深刻的一个接触点。所以我们说，终端要生动化、媒体化、情感化。

◎陈列方式的情感化◎

1. **便利型陈列：**这是在终端市场最常用的方法，如摆放的高度是否合适。例如，少儿用品、食品的陈列高度要控制在 1～1.4 米之内，以便少儿发现和拿取；而老人用品则最好不要放置得太低，因为老人下蹲比较困难，有时甚至会因过度下蹲而造成晕厥等现象。

2. **集客型陈列：**这是我们在卖场里经常可以看到的售点展示方法，如百事可乐的售点展示往往以大型的产品堆头为主，各种各样的 POP，还摆放譬如百事流行鞋、陆地滑板、个性腕表、背包等时尚用品，整个售点显得时尚、个性，吸引少男少女们趋之若鹜光顾其售点。

3. **档次提升型陈列：**我们常常可以看到，一款颜色、质地并不算好的服装在精心的售点展示下显得有形有款，非常有档次，即是属于此类。服装厂商们巧妙地运用陈列背景、装修氛围、灯光的颜色与照射方向等展示手段，衬托出服装的档次来，使得顾客一见就心生喜爱。

4. **凸显卖点陈列**：这是一种为了强调产品独特卖点的售点展示方法，如宝洁公司的海飞丝洗发水在夏季促销中为了在其原有的“去屑”卖点上加上“清凉”的概念，在终端展示的方法上曾经采用了用冰桶盛放海飞丝的方式，非常直观地给消费者“去屑又清凉”的感觉。

5. **热点比附型陈列**：这是厂商的一种即时性的售点展示技巧，运用比附策略拉近品牌与热点事件的关系。如在世界杯期间，很多厂商就纷纷采用此方法，他们在售点现场精心设计各种各样的与世界杯有关的宣传品，向顾客诉求其品牌与世界杯的联系，譬如世界杯期间广州的很多卖场的可口可乐售点除了装帧有很多球星的海报之外，还在现场用木箱放置了许多足球以衬托气氛，即是此例。

◎销售人员的情感化◎

1. **沟通方式**

销售人员在销售或服务过程中的语言及行为，要符合企业服务理念，要把产品的特色更人性化地传递给消费者。销售人员首先要对产品了如指掌，不断加强业务素质和语言表达能力，方便与消费者情感沟通。

2. **服务心态**

在与消费者的沟通过程中，最重要的是掌握好企业最终目的与消费者追求目的的最佳结合点。销售人员应该将自己定位成消费者的知心朋友，对消费者要充满爱心，帮助消费者解决消费疑虑等消费心理上的问题。然后再通过观察消费者的不同消费心理来引导购买，建立长期的信任。

3. **沟通内容**

包括运用情感效果将产品属性以及企业对消费者优惠等因素传达给消费者，并与其沟通其情感状况、家庭状况、需求状况以及满意度。

4. 服务环境

对于营销终端或者服务机构来说，营造合适的服务环境是十分重要的。环境包括终端包装气氛的营造和营销人员的个人包装。例如，在高档化妆品终端，销售人员身着白色制服，为消费者进行皮肤诊断，并且准备有化妆棉、棉签、纸巾……供消费者使用。消费者可以悠闲地坐在沙发上体验产品，甚至他们欢迎消费者来柜台进行一次免费的补妆。

5. 人员素质

高素质的销售人员会在短时间内领会企业的营销理念并且创造性地加以发挥。他们是价值实现的关键环节，销售的临门一脚就是由他们来完成的。但更重要的是企业在平时工作中要不断地对其进行培训，帮助他们不断提高。从某种意义上来讲，在聘用营销人员的时候，测验他们的"情商"也许是今后企业"人力资源部"的一项重要工作了。

6. 情感维护

"情感营销"应注重与消费者之间"情感维护"。其手段大体包括建立消费者信息档案，便于跟踪回访；定期的电话回访，了解消费者的产品使用情况、满意程度，提示注意问题；定期或不定期开展消费者联谊会等等。

附　录

李光斗语录

洞悉市场营销奥秘的金玉良言

1．医疗条件相同的医院，病人的多寡取决于护士的美丽程度

据统计，医疗设备及医生水平相同的医院，病人的多少取决于护士小姐的美丽程度。看来，爱美之心，人皆有之。看病的时候也不例外。

四川航空公司的广告语是“美丽川航，伴你回家”，美丽川航的空姐形象让人过目不忘。因为比飞机数量、硬件等，川航无法和国内其他航空公司相比，但是川航把软件——空姐作为卖点，同样收到了意想不到的效果，川航的盈利状况和品牌形象不断提升。

现实的市场竞争中，如果对手异常强大，企业就要学会洞察消费者内心的真实需求，学会找卖点，建立差异化的竞争优势。

2．客户的数量决定你生活的质量

张瑞敏说家电业的利润已“像刀片一样薄”，必须创国际品牌。他非常羡慕中国移动的老板，因为你无论在国内还是国外，走到哪里都要收费，跑得了和尚跑不了庙。什么是让人羡慕的职业？向全国人民收费！中国移动俨然是世界上最大的运营商，拥有数以亿计的客户，日子当然好过。

同样的道理，对每个企业而言，老板的经销商越多，消费者越多，企业的发展就越好，老板的生活质量就高。因此，任何企业要做大，必须要扩大你的客户数量。留住现有消费者，不断开发潜在消费者，积累庞大的客户群，同时积极促进重复消费。

3. 营销就是让消费者只关注价值，忘记价格

价值是相对于价格提出的。通过向顾客提供最有价值的产品与服务，摆脱价格战的纠缠，创造出新的竞争优势，以此超越竞争对手。

营销的一个重要任务，就是将价格敏感的产品变成价格不敏感的产品。也就是说，企业的产品和服务满足并超越了消费者预期，消费者就乐于多花钱来购买他喜欢的产品或服务。只有通过品牌建设来增加附加值，产品才能溢价，让消费者“只谈价值，不谈价格”。

同理，在这个世界趋于扁平化的时代，企业品牌营销也需要外脑的介入和扶持，而外脑出卖的是无形的智慧，企业在同外脑的合作中也要清楚价格与价值的关系。几百页的 WORD 和 PPT 本身并没有多少价值，但它给企业带来的收益则是无限的。

4. 营销就是让消费者动情

在感性营销时代，“情感”是一个纵向贯穿营销全过程，突显出决定性作用的因素。营销工作的任务之一就是赋予产品生命力，让产品与消费者建立情感联系，爱上品牌。

消费者偏爱购买某一品牌的产品，其原因是“我就喜欢”，而营销的最高境界也可以归结为“就要你喜欢”——不仅要把产品卖到消费者的手中，更要让消费者动情，把产品卖到消费者心中。

5. 你是什么不重要，消费者认为你是什么才重要

世界上有很多的资源，最大的资源是什么？是消费者的心智资源。

有很多企业家说自己的产品质量如何如何高，品质如何如何好，但消费者不知道就等于零。这是个“酒香也怕巷子深”的时代，在这个传播过度的信息社会，在哪吆喝你的产品，吆喝什么内容，对谁吆喝，怎么让消费者认识到、体验到你的产品是好产品，怎么让消费者钟爱你的品牌，都是要通过传播来解决的问题。

6. 再差的定位也好过没有定位

有定位未必成功，没有定位注定失败。

企业犹如在暗夜中漂泊的航船，如果没有方向，无论航行得多快，也不会达到彼岸，甚至搞错方向触礁沉船。有了清晰的定位，就好比获得了灯塔的指引，无论夜多黑，也不会迷失方向。

企业决战市场，要让消费者知道你是什么，你和别人有什么不同，首先要明晰自己的定位，让自己在消费者的心智中占有一席之地。能让消费者建立对应的品牌联想，品牌就成功了一半。而如果没有定位，幻想自己的产品是万能的，幻想把产品卖给所有人，注定会走投无路。

7. 品牌因故事而生动

品牌是需要“制造”和“积累”的。

越是神秘的东西，越是能引起人们的好奇，越是有人想迫不及待地知道它。品牌故事不但可以让一种产品神圣化，而且其神秘性可以让产品及品牌的知名度随之远播，并且这种独特性是竞争对手无法抄袭的。

品牌故事不但可以使品牌饱满，还能为产品增加附加值，提高溢价能力，让你的消费者愿意支付高价。如果营销不能为品牌增加附加值，营销就失去了意义。单靠传统的促销、买赠等手段是无法建立品牌的。

8. 营销使推销变得多余，品牌使营销变得简单

由于品牌建设重在对消费者的心智战，当消费者对品牌产生了忠诚和依赖感后，一切营销阻碍和难题将会一一破解。

品牌的价值感使消费者愿意支付更高价格来购买产品，从而规避价格战，确保企业的利润源，如 SONY 的数码产品。消费者对品牌的依赖感和指名购买，使企业降低渠道开拓成本，如宝洁以最低的进场费进入大型超市。品牌所焕发出来的营销魅力随处可见。

只有同质化的营销手段，没有同质化的品牌。中国是世界上同质化竞

争最为严重的市场，中国营销的缺失实际上是品牌的缺失。而品牌是“过度营销”留给中国企业家最后一道差异化竞争的“防火墙”。

品牌化生存是中国企业走出中国式营销泥淖的根本解决之道。

9. 人离乡贱，货离乡贵

所谓的“人离乡贱，货离乡贵”，强调的是品牌源产地属性对消费者的影响。消费者在产品认知和购买决策方面，会受到产品产地的影响。

比如，提起乳制品，大家会想到内蒙古的好；提起轻工电器，会想到广东的好。消费者心中自然存在一杆秤，哪个地方的哪个产品好已经形成固定的对应关系。

营销中要充分利用这一点，也就是说我们的产品要通过“异地插位”来获取市场，敢于走出去。只有走出去，产品才有生命力，才有神秘感，才有更高的价值。如果内蒙古的牛奶不走出内蒙古，那就没有蒙牛和伊利的今天。

10. 品牌是坚持的结果

坚持就是胜利，坚持就是成功。

品牌建设不是一朝一夕之功，需要有水滴石穿的精神。企业的每个行为都要为品牌加分。

而品牌的核心价值一旦确立以后，在相当长的一段时间内，10 年、20 年甚至 100 年，企业都要固守这一核心，要做的是不断积累，不断演绎，不断深化，不断丰富，但基石不能动摇。因此，企业每一分钱的投入都应该是紧紧围绕这一品牌核心去展开，牢牢占据消费者的心智，在消费者的脑海中占据一个独特而有价值的位置，生根、发芽、开花、结果，形成牢固而持久的品牌形象。